MATHÉMATIQUES ET FORMES OPTIMALES

POUR LA
SCIENCE

édition française de
**SCIENTIFIC
AMERICAN**

Le mensuel
POUR LA SCIENCE

Chaque mois, **POUR LA SCIENCE** vous propose des informations d'excellent niveau dans toutes les directions nouvelles de la science. C'est la revue écrite par des chercheurs qui s'adressent au grand public.

La collection
L'UNIVERS
DES SCIENCES

Dans une présentation luxueuse et richement illustrée, les plus grands savants vous font découvrir l'univers passionnant des sciences.

- **Les puissances de dix**
  Les ordres de grandeur dans l'univers
  par Philip et Phylis Morrisson
- **La diversité des hommes**
  L'inné, l'acquis et la génétique
  par Richard Lewontin
- **Le monde des particules**
  De l'électron aux quarks
  par Steven Weinberg

- **Le son musical**
  Musique, acoustique et informatique
  par John Pierce
- **Chaleur et désordre**
  Le deuxième principe de la thermodynamique
  par P.W. Atkins
  (à paraître)

LA BIBLIOTHÈQUE
POUR LA SCIENCE

Ouvrages thématiques illustrés (grands formats cartonnés)

- L'aube de l'humanité
- L'évolution
- Le système solaire
- Les animaux disparus
- La physiologie des animaux
- La dérive des continents
- Les tremblements de terre
- Les phénomènes naturels
- Les volcans
- L'intelligence de l'informatique
- Histoires de machines
- Les instruments de l'orchestre

- Les mathématiques aujourd'hui
- Les particules élémentaires
- Le cerveau
- La perception visuelle
- Les nouveaux moyens de la médecine
- Hérédité et manipulations génétiques
- Des gènes aux protéines
- Vie et mort des étoiles
- Les molécules de la vie

Jeux et divertissements scientifiques (format 18 x 23 cm)

- Math' Festival, par Martin Gardner
- Tempête sur l'échiquier
  par François le Lionnais
- La magie des paradoxes
  par Martin Gardner

- Math' Circus, par Martin Gardner
- 23 expériences d'amateur
  par Jearl Walker.
- Les mathématiques
  de Martin Gardner

8, rue Férou Paris 75006

L'UNIVERS DES SCIENCES

MATHÉMATIQUES ET FORMES OPTIMALES

l'explication des structures naturelles

**STEFAN HILDEBRANDT
ET ANTHONY TROMBA**
traduit par J. Guigonis

POUR LA **SCIENCE**
DIFFUSION
BELIN

8, RUE FÉROU   75006 PARIS

MATHÉMATIQUES ET FORMES OPTIMALES

ISBN 0-7167-5009-0 (W.H. Freeman and Company)
Copyright © 1985 by Scientific American Books, Inc.
Copyright © 1986 Pour la Science
ISBN 2-902918-49-6

A la mémoire de Richard Courant

Table des matières

PRÉFACE

Ce livre traite du calcul des variations. Cette branche des mathématiques étudie les formes optimales qui apparaissent en géométrie mais aussi dans la nature, et les problèmes de maxima et minima qui leur sont associés. Comme on peut le voir sur les illustrations du prologue, certaines formes, certaines structures naturelles sont d'une régularité étonnante. Pourquoi la nature crée-t-elle de telles formes et pourquoi les préfère-t-elle à d'autres?

De ces questions, il y a 3 000 ans, sont nées les mathématiques. Le mot grec *mathema* signifie connaissance, savoir, compréhension, perception ; ainsi le désir de comprendre le monde fut-il un des moteurs du développement des mathématiques : c'est ce que montre la partie historique du livre. Mais les mathématiques sont plus qu'une discipline esclave des autres sciences, et d'après Carl Friedrich Gauss, il importe peu qu'on utilise les connaissances mathématiques en théorie des nombres ou pour calculer le mouvement d'une planète ; les mathématiciens ont toujours été poussés par une motivation interne, indépendante de l'utilité pratique : ils sont essentiellement animés par la beauté de leurs découvertes et le défi que leur lance chaque nouveau problème. Si ce livre permet au lecteur de comprendre que les mathématiques font partie intégrante de notre culture, il aura atteint son but.

Dans ce texte, nous n'avons pas employé les formules et les symboles qui font l'efficacité et la puissance des mathématiques. Les unes et les autres sont indispensables au professionnel, mais ce langage rebute le profane et son acquisition exige un long apprentissage.

Dans son livre *Les Voyages de Gulliver* Jonathan Swift tourne en ridicule une société dominée par des mathématiciens. Voici ce qu'il écrit en parlant de la Cour du Roi de Laputa :

«Mes connaissances mathématiques me furent d'un grand secours pour assimiler leur façon de s'exprimer ; celle-ci, pour une large part, faisait appel à cette science ainsi qu'à la musique, art que je pratiquais quelque peu. Ils rapportent constamment leurs idées à des lignes et à des figures. Si, par exemple, ils veulent vanter la beauté d'une femme, ou de tout autre animal, ils le font en termes de losanges, de cercles, de parallélogrammes, d'ellipses et autres entités géométriques ; ou encore ils se servent de mots pris dans le langage propre à l'art des musiciens (je n'ai pas besoin de les répéter ici). Je vis dans la cuisine du roi toutes sortes d'instruments de mathématiques et de musique qui servaient de modèles pour découper les viandes servies sur la table de Sa Majesté.»

Nous tenons ici à exprimer nos remerciements à tous ceux qui nous ont aidés à faire ce livre :

Il nous est impossible d'énumérer tous les auteurs dont nous nous sommes inspirés. A de rares exceptions près, nous n'avons pas mentionné les noms des mathématiciens contemporains, mais ce livre n'aurait pas vu le jour si nous n'avions échangé, pendant des années, idées et informations entre collègues et amis. Nous les remercions de leur aide désintéressée.

Stefan Hildebrandt
Anthony Tromba

Bonn, 30 avril 1984.

MATHÉMATIQUES ET FORMES OPTIMALES

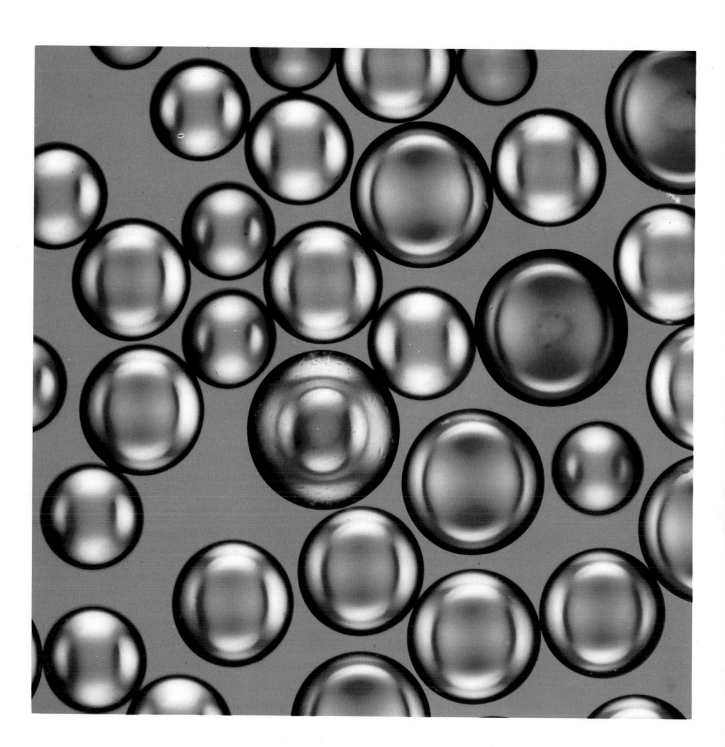

PROLOGUE

Des figures et des formes

De tout temps, on a considéré que le cercle et la sphère étaient les figures géométriques parfaites. Pour les Grecs, ils symbolisaient la parfaite symétrie divine ; selon eux, les planètes célestes devaient parcourir des cercles parfaits, même si, en même temps, ces cercles roulaient sur d'autres cercles. Le philosophe grec Xénophane (de 560 à 470 avant J.-C. environ) remplaçait la multitude des dieux de la mythologie populaire par un Dieu unique et suprême, auquel il attribuait la forme d'une sphère. Aristote appréciait ainsi les idées de Xénophane :

« Si Dieu est excellent par-dessus tout, il ne peut y avoir qu'un seul Dieu. S'il y en avait deux ou trois ou plus, le premier cesserait d'être le meilleur et le plus puissant, puisque chacun des autres dieux pourrait prétendre au même rang. En fait, qui dit Divinité et puissance divine dit suprématie et excellence absolues. Il ne peut donc y avoir qu'un Dieu, dont toutes les parties sont identiques et qui partout voit, entend, perçoit. S'il en était autrement, les diverses parties cesseraient d'être égales entre elles, et ceci est impossible. De cette universelle homogénéité de Dieu, il résulte que celui-ci a la forme d'une sphère... Et comme Dieu existe en chaque chose, de façon unique et éternelle, comme il est uniformément le même et rond comme une boule, il faut conclure qu'il n'est ni limité ni illimité, ni au repos ni en mouvement. »

La forme sphérique n'a pas perdu son pouvoir de séduction : nous admirons toujours la rondeur parfaite d'une bulle de savon qu'un enfant s'amuse à souffler. Les Ballotini, qui sont de petites billes de verre, ont la même forme impeccable. On les a longtemps employés dans les mosaïques de verre vénitien. Les *Volvox*, genre de protozoaires de couleur verte, se groupent en colonies d'une merveilleuse symétrie sphérique. Les planètes de notre système solaire sont elles-mêmes presque parfaitement sphériques.

Ballotini de Venise.

Les protozoaires sont des organismes unicellulaires
qui se déplacent au moyen d'un ou plusieurs
flagelles (en forme de petits fouets).
Certaines espèces vivent en solitaire, d'autres en
colonies. Les algues volvox se groupent en colonies
assez importantes. Chaque colonie, en forme de
sphère, peut contenir jusqu'à 20 000 cellules
individuelles, chacune munie d'un flagelle. La colonie
coordonne le mouvement de ces flagelles de façon à
tourner sur elle-même. Le *Volvox aureus*, espèce de
plancton océanique, se présente sous forme de
sphères d'une splendeur remarquable.

Jupiter et quatre de ses lunes découvertes par
Galilée. Io est la plus proche, puis viennent Europe,
Ganymède et Callisto. Plus de dix autres lunes,
beaucoup plus petites, gravitent autour de Jupiter
qui, en outre, est entouré d'un mince anneau de
particules.

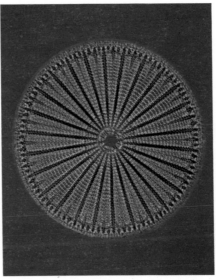

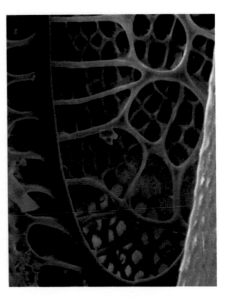

Squelettes de diatomées ; chacune est une sorte de boîte, avec un fond et un couvercle.

L'espèce *Arachnoidiscus USA* crée une coquille, en forme de disque régulier, qui pourrait servir de modèle à une rosace gothique.

Le microscope électronique montre en filigrane, baigné par le protoplasme vivant, le réseau de piliers et d'arches d'une diatomée.

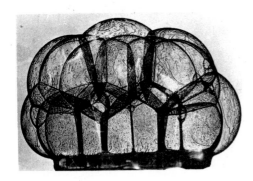

Un amas de bulles

Mais les lois de la nature n'engendrent pas seulement des formes sphériques ; nous observons au microscope que la membrane des diatomées (variétés d'algues monocellulaires) est entourée d'une coque siliceuse ornée de formes géométriques raffinées.

L'eau savonneuse permet de produire des bulles et des films aux formes très variées. Nous verrons plus tard pourquoi trois films de savon, qui s'appuient sans contrainte extérieure sur des fils ou sur des plaques de verre, se coupent à 120 degrés exactement.

Sur la photographie en haut et à droite de la page 4, un réseau de films de savon est limité par deux lames de verre parallèles et proches : dans cette vue transversale, les surfaces apparaissent comme des lignes droites : elles se raccordent donc perpendiculairement aux lames de verre. Cette perpendicularité est vérifiée chaque fois que des films de savon se raccordent librement à une surface. Dans la photographie en bas de la page 4, l'épaisse ligne noire représente le tranchant d'une bande métallique ; les surfaces des films coupent là encore la bande métallique à angle droit mais elle se raccordent entre elles en formant des angles de 120 degrés.

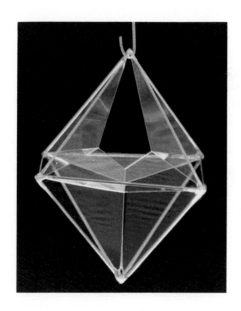

Un ensemble de films de savon délimités par les 12 côtés d'un octaèdre.

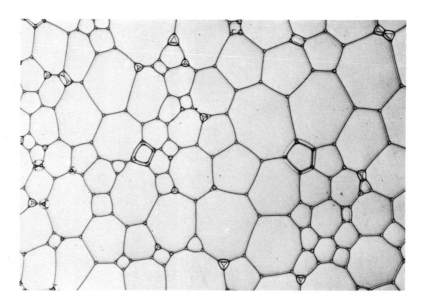

Réseau de films de savon entre deux lames de verre parallèles. Remarquez la forme typique en *Y* à chaque endroit où trois films se rencontrent. En certains endroits, le bord des cellules est courbe ; cette courbure est causée par une différence de pression entre les cellules voisines.

Des films de savon entre deux lames de verre parallèles se raccordent à 90 degrés le long d'une surface *(ligne foncée sur la photographie)*.

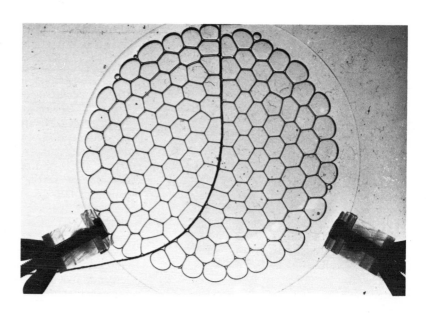

La forme en *Y* du raccordement des films de savon se retrouve souvent dans la nature, où elle peut créer des réseaux d'hexagones, comme dans ces cellules d'un gâteau d'abeilles.

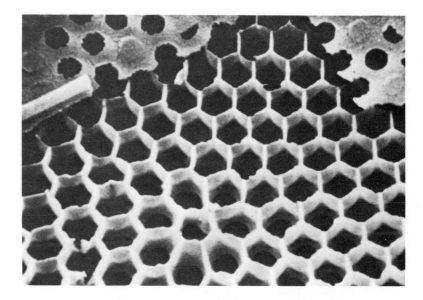

Une aile d'insecte ou les alvéoles d'un rayon de miel ont des structures qui s'apparentent aux films de savon. Il est également fascinant d'observer les similitudes entre les formes des films de savon qui s'appuient sur des supports polyédriques et les structures de certaines créatures unicellulaires, les radiolaires.

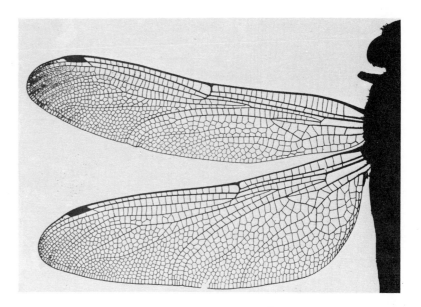

Des ailes d'insecte peuvent ressembler à un réseau de films de savon.

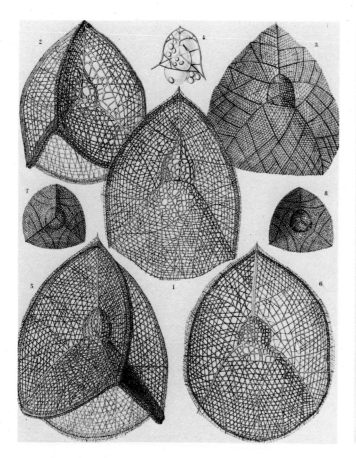

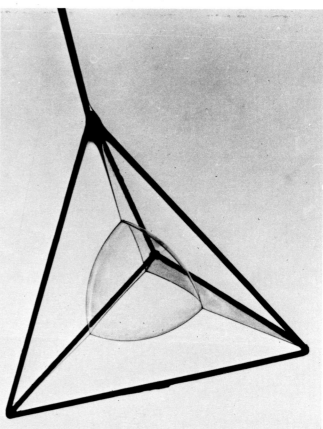

Dessins du biologiste allemand Ernst Haeckel.
Ils représentent des squelettes de radiolaire appelé
Callimitra. La forme d'un radiolaire ressemble à celle
d'un système de six films de savon, plats, enfermant
une bulle, le tout suspendu dans un cadre
tétraédrique.

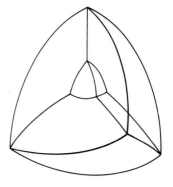

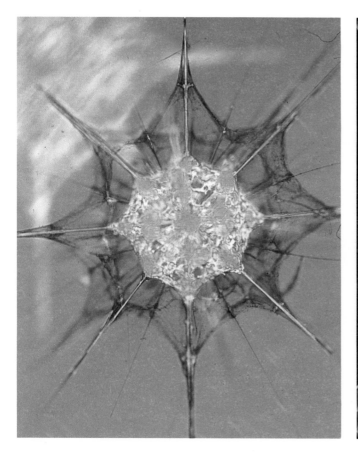

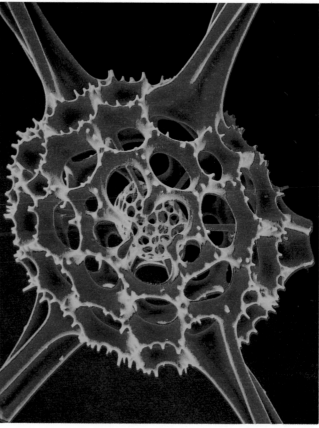

Un radiolaire vivant. Haeckel a décrit ou dessiné
4 314 espèces et 739 genres de ces minuscules
créatures.

Squelette d'un radiolaire.

La formation d'une goutte de rosée sur un pétale de fleur
ravive une autre parenté avec les films et les bulles de savon. L'image
de la délicate goutte illuminée par le Soleil a été chantée par Shakes-
peare dans *Peines d'amour perdues* :

Soleil doré ne donne un plus tendre baiser
À la rose du matin perlée de fraîches gouttes...

Mais de telles figures sont associées à des phénomènes moins
séduisants, tels que les cassures, les fissures, les crevasses dans la glace

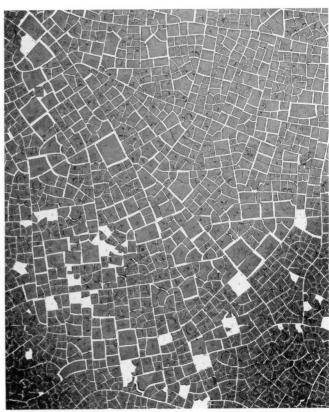

Halo de réfraction autour d'une gouttelette d'eau.

Ceci n'est pas la photographie aérienne d'une région cultivée mais les fissures d'une préparation gélatineuse.

ou dans la boue séchée : ils ressemblent pourtant aux structures des films de savon, mais ici les angles de raccordement dépendent de la matière utilisée.

Considérons enfin deux phénomènes dynamiques : l'orbite des astres dans le ciel et celle des particules élémentaires dans un accélérateur : tous deux peuvent être étudiés par l'image dans l'espace des phases d'un flot hamiltonien *(voir l'illustration de la page 9)*, qu'il est difficile de représenter sans l'aide d'un ordinateur.

Dallage basaltique.

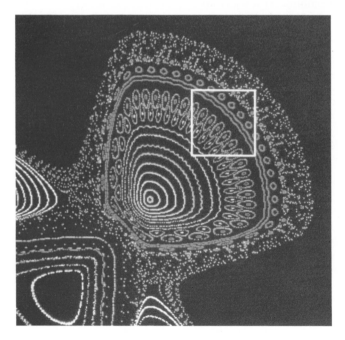

Image de phase d'un écoulement hamiltonien
élaborée par un ordinateur.

Détail du carré indiqué dans l'image ci-contre.

Après avoir ainsi admiré quelques-unes des configurations étonnantes qu'élabore la nature, lisons ce passage d'un antique manuscrit bouddhiste :

« ... un Bodhisattva sait qu'en vérité une forme matérielle n'est rien d'autre qu'un amas de trous, de crevasses, une masse de bulles sans consistance ni solidité. »

La symétrie des formes et la régularité des motifs qui nous entourent suggèrent pourtant qu'un certain ordre règne dans le chaos. A nous de découvrir les lois simples et universelles qui président à la composition d'un motif. Pourquoi la nature préfère-t-elle une forme à une autre? Pourquoi les astres ressemblent-ils à des boules et non à des cubes ou des pyramides (l'exemple des formations cristallines montre que la nature ne déteste pas les configurations polyédrales)? Pourquoi, sur votre bouillon, les yeux sont-ils ronds et non triangulaires (comme certaines diatomées)?

La plupart des savants ne cherchent plus la pierre philosophale, la réponse complète, la vérité ultime : ils se contentent de dégager quelques principes qui leur permettent de prédire quelles formes la nature choisira dans une situation donnée. Cette approche modeste des problèmes complexes a engendré des progrès scientifiques considérables.

Les hommes se sont toujours attachés à la recherche de tels principes et il est passionnant de constater les progrès ainsi réalisés dans notre compréhension du monde. Selon Albert Einstein, les scientifiques édifient des théories scientifiques pour deux raisons :

« Nous éprouvons le besoin de nouvelles théories lorsque nous rencontrons des faits nouveaux que les anciennes théories ne peuvent pas « expliquer ». Mais ce besoin est, pour ainsi dire, banal, imposé de l'extérieur. Il y en a un autre, plus subtil et non moins impérieux : c'est le besoin d'unification et de simplification des bases de la théorie dans son ensemble. »

Cet effort vers la simplicité est commun à la plupart des artistes, des artisans, des ingénieurs et des savants : il illustre le principe que si on peut faire quelque chose, on peut le faire simplement. Ce principe de « l'économie des moyens » est *a priori* un simple concept esthétique. Fondé sur la conviction que les méthodes simples sont les meilleures, il suggère que la nature elle-même procède de la façon la plus simple et la plus efficace.

L'homme a toujours rêvé d'expliquer le monde au moyen de concepts simples et séduisants capables de rattacher notre perception des phénomènes naturels à un système logique. Écoutons encore Einstein :

« La passion de comprendre existe, tout comme la passion de la musique. Elle est très répandue chez les enfants, mais disparaît avec l'âge chez la plupart

Cristaux d'Aluminium.

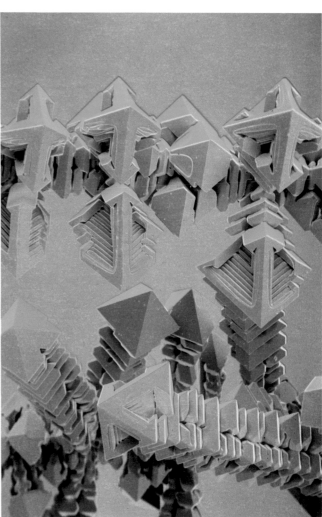

Cristaux de Palladium.

d'entre eux. Sans elle, nous n'aurions ni mathématiques ni sciences de la nature. A plusieurs reprises, au cours de l'histoire, ce besoin de comprendre a favorisé l'illusion que l'homme pourrait expliquer le monde concret de façon rationnelle, sans support expérimental, c'est-à-dire de façon métaphysique. Je pense qu'un théoricien digne de ce nom est une sorte de métaphysicien assagi, même s'il croit être un positiviste pur. Le métaphysicien est persuadé que la simplicité logique s'identifie à la réalité. Le métaphysicien «assagi» ne pense pas que toute logique simple se traduise par une réalité expérimentale, mais plutôt que l'ensemble des réalités observées peut s'intégrer dans un système établi sur des bases conceptuelles simples. Pour le sceptique, cette opinion revient à croire au miracle! Peut-être a-t-il raison; mais le développement des sciences n'a-t-il pas jusqu'ici conforté cette foi d'une étonnante façon?»

De tout temps, les mathématiques ont joué un rôle prééminent dans l'élaboration de ces systèmes: elles seules permettent de formuler et d'exploiter avec précision nos intuitions sur les phénomènes physiques. Voici ce qu'écrivit le physicien anglais P. Dirac:

«L'un des traits fondamentaux de la nature semble être que les lois fondamentales de la physique s'expriment en termes d'une théorie mathématique

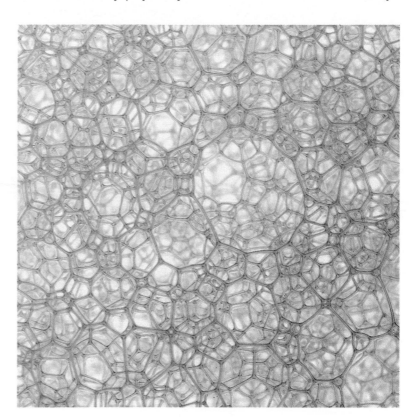

La mousse de bière devient polyédrique lorsque le liquide des parois s'est écoulé. La mousse est alors «sèche»: les films liquides sont minces, les bulles interagissent fortement et deviennent polyédriques. Cette photographie a été prise 10 minutes après le remplissage d'un verre.

très belle et très puissante, dont la compréhension exige une haute culture mathématique. On peut se demander pourquoi la nature est ainsi faite. Contentons-nous de répondre que nos connaissances actuelles semblent confirmer cette hypothèse : nous n'avons qu'à l'accepter comme un fait. Peut-être peut-on imaginer que Dieu est un grand mathématicien, et qu'il s'est servi de mathématiques très complexes pour construire le monde. Nos faibles connaissances mathématiques actuelles nous permettent de comprendre un fragment de l'ensemble et nous espérons que le développement des mathématiques enrichira notre connaissance de l'Univers. »

Nous évoquerons dans ce livre des théories qui prétendent expliquer forme et mouvement dans le monde qui nous entoure. Nous étudierons les conditions de leur apparition et le rôle qu'y ont joué les mathématiques ; nous insisterons sur le *principe de l'économie des moyens*, principe déterminant de la compréhension des phénomènes physiques. Nous chercherons à mettre en évidence la liaison entre mathématiques et physique, explicitée par la théorie mathématique du *calcul des variations*, élaborée à la fin du XVIIᵉ siècle et au cours du VIIIᵉ siècle, à l'ère du Baroque et du Rococo, c'est-à-dire à l'aube de la science moderne. Dans le premier chapitre, nous évoquerons quelques-unes des idées philosophiques et mathématiques qui fleurirent à cette époque.

1

Le principe général de l'Univers

Tout ce qui est superflu déplaît à Dieu et à la Nature.
Tout ce qui déplaît à Dieu et à la Nature est mauvais.

(Dante Alighieri, vers 1300)

Les savants ont cherché à expliquer les phénomènes physiques, mais il faut attendre 1744 pour voir proposer un principe général : cette année-là le mathématicien Pierre-Louis Moreau de Maupertuis exposa son grand système universel qui prit le nom de *Loi de moindre action*. Il publia une version détaillée de ses idées en 1746, sous le titre *Les lois du mouvement et du repos, déduites d'un principe métaphysique*.

Le principe de Maupertuis
Action et économie dans la nature

D'après le « principe métaphysique » de Maupertuis, la nature agit toujours aussi économiquement que possible. Par exemple, dans un milieu homogène, la lumière suivra le plus court chemin, c'est-à-dire une ligne droite. De cette idée Maupertuis déduisit son *principe général* :

Si un changement se produit dans la nature, la quantité d'action nécessaire pour l'accomplir doit être la plus petite possible.

Quelle est cette « action » dont la nature paraît si économe ?
Prenons l'exemple d'un préposé des P et T.
S'il parcourt deux kilomètres en une heure, nous dirons qu'il a déployé deux fois plus d' « action » que pour couvrir la même distance en deux heures. Nous dirons aussi qu'en parcourant deux kilomètres

Pierre-Louis Moreau de Maupertuis (1698-1759). Son costume nordique rappelle son expédition en Laponie.

en deux heures, il déploie deux fois plus d' « action » qu'en parcourant un kilomètre en une heure. En parcourant deux kilomètres en une heure, il accomplit donc *quatre* fois plus d' « action » qu'en couvrant un kilomètre en une heure.

Nous inspirant de ces remarques intuitives, nous définirons l' « action » comme le produit de la masse, de la distance et de la vitesse :

$$action = masse \times distance \times vitesse$$

Dans cette définition, le sac du préposé détermine la masse. Leibniz, par ailleurs, avait défini l'énergie cinétique E d'un corps animé d'une vitesse v par la formule :

$$E = 1/2 \times masse \times (vitesse)^2$$

L'action a donc la même dimension que :

$$énergie \times durée$$

car la vitesse est une distance divisée par un temps. Maupertuis utilisa cette définition quantitative pour formuler mathématiquement son principe (*). Nous paraphraserons la loi de Maupertuis ainsi :

En toutes circonstances, la nature minimise l'action

Maupertuis voyait dans ce principe une manifestation de la sagesse divine qui choisit toujours les solutions les plus économiques. Il écrivait : *« Quelle satisfaction pour l'esprit humain de voir dans ces lois, qui contiennent le principe du mouvement et du repos de tous les corps de l'Univers, une preuve de l'existence de Celui qui gouverne le monde. »*

Le lecteur s'attend peut-être maintenant à ce que nous montrions comment le principe d'action peut expliquer la beauté des formes et des dessins évoqués dans le prologue. Nous lui demanderons un peu de patience car la résolution de ce problème exige certains préliminaires mathématiques. Restons-en pour l'instant aux idées philosophiques et scientifiques qui ont conduit à la loi de moindre action. Comment Maupertuis y parvint-il? S'agit-il de science exacte ou de la simple idée que le Créateur est un bon gestionnaire? Comment la morale pouvait-elle ainsi s'introduire dans le domaine de la physique? Pour le savoir, nous examinerons ce qui se passait vers la fin de la période baroque, moment où apparaissent ces idées mathématiques et physiques. Nous verrons ainsi les concepts philosophiques, mathématiques et physiques fusionner en un grand système universel que résume la loi de moindre action.

(*) Leibniz, par un raisonnement semblable sur le concept d'action, avait déjà établi cette formule. Il est très probable que Maupertuis en avait entendu parler chez les Bernoulli, famille de mathématiciens suisses qui, dans la première moitié du XVIIIe siècle, fit de Bâle une métropole du monde des mathématiques.

Gottfried Wilhelm Leibniz (1646-1716).

La philosophie de Leibniz : l'harmonie préétablie

Gottfried Wilhelm Leibniz, diplomate, philosophe, mathématicien, homme de sciences et savant universel, fut l'une des personnalités les plus influentes de l'époque baroque. Il exposa ses idées philosophiques dans ses *Essais de Théodicée sur la bonté de Dieu, la liberté de l'homme et l'origine du mal*, paru en 1710. Il y développait l'idée que notre monde est, par construction, le meilleur des mondes possibles. Une telle philosophie était très répandue dans les cercles cultivés de la première moitié du XVIIIe siècle. Le philosophe allemand Christian Wolff (1679-1754) en était un chaud partisan. Maupertuis a certainement été influencé par Leibniz, même si les principes philosophiques des deux hommes différaient beaucoup.

Dans sa *Théodicée*, Leibniz confronte l'imperfection des créatures à l'idée d'un Dieu tout-puissant, omniscient et infiniment bon.

En simplifiant beaucoup, voici sa thèse. Dieu n'intervient pas dans les affaires du monde, comme le ferait un mauvais horloger qui remet constamment sa pendule à l'heure. Au contraire, Dieu a créé le monde selon une harmonie préétablie ; en habile horloger, il a façonné chaque pièce pour qu'elle s'ajuste parfaitement aux autres pour l'éternité. Seul ce comportement est digne de Dieu, de sa suprême intelligence et de sa toute-puissance.

Pour Leibniz, Dieu est l'Être qui possède au plus haut degré toutes les capacités, dans les limites qu'impose leur coexistence. Cette restriction est nécessaire, car certaines capacités, telles que la Sainteté et la Toute-Puissance, ne peuvent pas coexister pleinement : la Sainteté de Dieu limite son omnipotence car cette Sainteté serait incompatible avec le mal qu'il pourrait faire en vertu de son omnipotence ; si Dieu conçoit bien tous les mondes possibles, il ne peut désirer, et donc créer que le meilleur d'entre eux.

Le fait que notre monde soit le meilleur des mondes possibles découle ainsi de l'existence de Dieu. Un monde différent serait nécessairement moins complet. Notre monde présente nombre de défauts et de vices, mais Leibniz démontre qu'un monde sans le mal et le péché serait impossible.

Le meilleur de tous les mondes possibles naît d'une harmonie préétablie entre liberté et nécessité, entre la grâce de Dieu et le règne de la nature, entre le Seigneur universel et l'architecte du monde. Leibniz était tout à fait conscient que ce monde était fort différent de celui que nous pourrions souhaiter, parce qu'il résultait d'un compromis ; on a trop souvent caricaturé la pensée de Leibniz en la réduisant au slogan : «tout ce qui existe est bon».

Le lecteur en désaccord avec cette maxime rejoint l'opinion de nombreux contemporains de Leibniz, notamment Voltaire qui publia, en 1758, sous le titre *Candide, ou l'Optimisme*, une malicieuse satire des idées de Leibniz. Le livre connut, dans toute l'Europe, un immense succès: 42 éditions en 20 ans! Les principaux personnages sont: le philosophe Pangloss, tuteur de la jeune Cunégonde, fille du Baron Thunder-ten-tronckh, et son fidèle disciple Candide, bâtard de cette noble famille. Mais relisons Voltaire:

Pangloss enseignait la métaphysico-théologo-cosmolonigologie. Il prouvait admirablement qu'il n'y a point d'effet sans cause et que, dans ce meilleur des mondes possibles, le château de monseigneur le baron était le plus beau des châteaux et madame la meilleure des baronnes possibles.

«Il est démontré, disait-il, que les choses ne peuvent être autrement: car tout étant fait pour une fin, tout est nécessairement pour la meilleure fin. Remarquez bien que les nez ont été faits pour porter des lunettes, aussi avons-nous des lunettes. Les jambes sont visiblement instituées pour être chaussées et nous avons des chausses. Les pierres ont été formées pour être taillées et pour en faire des châteaux; aussi monseigneur a un très beau château; le plus grand baron de la province doit être le mieux logé: et les cochons étant faits pour être mangés, nous mangeons du porc toute l'année: par conséquent, ceux qui ont avancé que tout est bien ont dit une sottise: il fallait dire que tout est au mieux.»

Les événements qui s'ensuivent ne confortent guère la thèse de Pangloss: Candide est renvoyé pour avoir expérimenté avec Cunégonde le jeu des effets et des causes; il s'engage dans l'armée bulgare où il survit à l'horreur d'une bataille entre Bulgares et Abares (Prussiens et Français dans la réalité).

Rien n'était si beau, si leste, si brillant, si bien ordonné que les deux armées. Les trompettes, les fifres, les hautbois, les tambours, les canons formaient une harmonie telle qu'il n'y en eut jamais en enfer. Les canons renversèrent d'abord à peu près six mille hommes de chaque côté; ensuite la mousqueterie ôta du meilleur des mondes environ neuf à dix mille coquins qui en infectaient la surface. La baïonnette fut aussi la raison suffisante de la mort de quelques milliers d'hommes. Le tout pouvait bien se monter à une trentaine de mille âmes. Candide, qui tremblait comme un philosophe, se cacha du mieux qu'il put pendant cette boucherie héroïque.

Enfin tandis que les deux rois faisaient chanter des Te deum, chacun dans son camp, il prit le parti d'aller raisonner ailleurs des effets et des causes. Il passa par-dessus des tas de morts et de mourants et gagna d'abord un village voisin; il était en cendres; c'était un village abare que les Bulgares avaient brûlé selon les lois du droit public.

Les désastres se succèdent. Le château de Thunder-ten-tronckh est détruit, ses habitants tués ou expulsés. Cunégonde se retrouve dame de petite vertu à Lisbonne où font naufrage Candide et Pangloss, juste à temps pour assister au terrible tremblement de terre du 1er octobre 1755. Trente mille hommes, femmes et enfants furent écrasés sous les ruines.

Voltaire (1694-1716)

Le lendemain, ayant trouvé quelques provisions de bouche en se glissant à travers les ruines, ils réparèrent un peu leurs forces... Quelques citoyens secourus par eux leur donnèrent un aussi bon dîner qu'on le pouvait dans un tel désastre : il est vrai que le repas était triste ; les convives arrosaient leur pain de leurs larmes ; mais Pangloss les consola en les assurant que les choses ne pouvaient être autrement : «car il est impossible que les choses ne soient pas où elles sont. Car tout est bien.»

En 1762, le Vatican mit *Candide* à l'Index, trois ans après sa parution. Voltaire, prudent, l'avait publié sous un pseudonyme : sous les regards amusés de toute l'Europe il en niait effrontément la paternité.

Le principe de moindre action connut à ses débuts un sort aussi désastreux que son auteur. Les flèches redoutables que Voltaire décocha cette fois contre Maupertuis amusèrent l'Europe toute entière. Mais avant d'en venir à cet épisode, voyons en termes très généraux sur quelles bases mathématiques était établi le principe de moindre action.

Le jeu des effets et des causes au château de Thunder-ten-tronckh.

Les débuts du calcul des variations

Au cours du dernier tiers du XVIIe siècle, les mathématiques franchissent une étape essentielle : Newton et Leibniz créent indépendamment le calcul infinitésimal, fondement de la science moderne. Peu après, trois savants suisses (de Bâle) créent sur ces nouvelles bases le « calcul des variations » : ce sont les frères Jean et Jacques Bernoulli et un élève de Jean, Leonhard Euler qui sera le plus illustre mathématicien du XVIIIe siècle.

Les objectifs de cette discipline nouvelle et les idées philosophiques que nous venons d'évoquer sont étroitement liés : pour trouver les solutions optimales d'un problème donné, on s'efforce de décrire la situation en termes mathématiques et de mettre au point les techniques nécessaires à sa résolution.

Les mathématiciens s'intéressent évidemment à des problèmes de cette nature. Dans la vie quotidienne il nous faut constamment savoir quelle situation est « la meilleure » ou « la pire », quel objet a telle propriété au plus grand ou au moindre degré, quelle est la meilleure stratégie pour maximiser agrément, profit, et succès, ou minimiser inconfort, échec ou perte. Quelle est la forme d'une voiture qui, pour un volume intérieur donné, minimisera la résistance de l'air? Quelle forme de coque donnera le navire le plus rapide? Connaissant son volume intérieur, quelle forme donner à une maison pour minimiser sa surface extérieure et donc les pertes de chaleur. La réponse à

Jean Bernoulli (1667-1748).

Jacques Bernoulli (1654-1705).

Joseph Louis Lagrange (1736-1813).

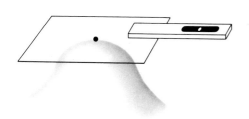

Comment localiser un sommet
à l'aide d'un niveau d'eau.

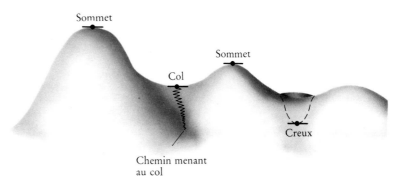

Cimes, cols et creux.

cette dernière question vous permettra de faire des économies. (Les Esquimaux ont depuis longtemps trouvé la réponse avec leurs igloos : c'est l'hémisphère).

Le calcul des variations fut développé par les Bernoulli, Euler et le grand mathématicien français J.L. Lagrange. L'idée de base est facile à saisir.

Supposons que nous soyons, la nuit, dans une région montagneuse et que nous cherchions à en localiser les sommets à l'aide d'un niveau d'eau et d'une lampe de poche. Nous pourrions repérer, à l'aide du niveau, tous les endroits où le sol est horizontal — autrement dit, où la tangente au sol est horizontale. Dans le cas d'une montagne très ancienne, la surface est lisse et donc peu accidentée ; nous pourrions en principe, selon ce procédé, localiser tous les sommets, ainsi que d'autres endroits où la tangente au sol est également horizontale : cols et creux par exemple (par lesquels nous serions passés en recherchant les sommets). *En pratique*, personne ne procède ainsi mais cet exemple montre que la méthode théorique de la tangente horizontale résout le problème. C'est de cette façon que le mathématicien détermine les maxima et les minima : en ramenant les questions de meilleur ou de pire, de maxima ou de minima, à la recherche géométrique des sommets et des creux d'une «chaîne de montagnes» décrites en termes mathématiques (*). Il emploie une stratégie (du genre de celle que nous venons de décrire) qui met en évidence un certain nombre de points susceptibles d'être soit des maxima (cimes) soit des minima (creux) ; c'est ce que fait un détective, qui exploite tous les indices pour réduire le nombre des suspects. Le mathématicien établit un système d'équations différentielles (dites d'Euler-Lagrange) que doivent vérifier les solutions optimales de son problème ; il essaie ensuite de trouver les solutions du système d'équations obtenu. Cette ultime étape pose des problèmes techniques délicats qui nous éloigneraient de notre propos.

(*) Il s'agit généralement d'une «chaîne de montagnes» plongée dans un espace à plus de trois dimensions. On ne peut représenter de tels objets, mais le mathématicien sait travailler dans des espaces à 4, 10, 47, 1001 ou même un nombre infini de dimensions.

La mécanique de Newton

Nous avons jusqu'ici évoqué les idées philosophiques et mathématiques qui sont à l'origine du principe de moindre action. Maupertuis lui avait donné une formulation trop vague pour résoudre des problèmes difficiles ; Euler et Lagrange l'approfondirent et le perfectionnèrent jusqu'à en faire un puissant instrument indispensable aux physiciens. Le chef-d'œuvre de Lagrange, la *Mécanique analytique*, paru en 1788, traitait le sujet de façon élégante et générale.

Ces développements, ainsi que le principe de moindre action, faisaient suite à l'ouvrage historique de Newton : *Philosophiae Naturalis Principia Mathematica* (1687), une des créations magistrales de l'esprit humain, qui a jeté les bases de la physique moderne.

Les idées révolutionnaires de Newton ne furent pas facilement acceptées sur le continent, notamment en France, qui était alors le pôle culturel de l'Europe. Elles éclipsèrent ensuite totalement les théories de Descartes qui avaient prévalu durant le XVIIᵉ siècle et le XVIIIᵉ siècle jusqu'aux environ de 1730 sur le continent européen. Pour trancher la vive controverse qui opposait Cartésiens et Newtoniens, l'Académie des Sciences organisa deux expéditions, une en Suède au Cercle arctique et l'autre à l'Équateur, pour faire des mesures géodésiques qui montreraient si la Terre était aplatie aux pôles — comme la gravitation de Newton le prévoyait — ou à l'Équateur — comme l'affirmaient les partisans de Descartes.

C'est Maupertuis, newtonien de la première heure, qui mena l'expédition au Nord, de 1736 à 1737. Les mesures qu'il effectua en Laponie montrèrent que la Terre était aplatie aux pôles et que Newton avait raison. Une autre expédition, conduite par La Condamine, confirma ces résultats en 1745.

Le succès de l'expédition rétablit la réputation de Maupertuis. Sa popularité bénéficia aussi de la présence à ses côtés, à son retour à Paris, de deux jeunes Lapones qui firent sensation.

Voltaire mit son talent au service de Newton, et félicita Maupertuis d'avoir, d'un même coup, aplati le globe et les Cassini (les Cassini étaient de célèbres astronomes ardents défenseurs des idées cartésiennes sur la forme de la Terre). Avec la physique newtonienne, élégamment formulée en termes de principes variationnels, l'ère de la *Mécanique analytique* pouvait commencer.

La querelle de Berlin autour du principe de Maupertuis

En 1740 Frederic II devint Roi de Prusse. Désireux de raviver le prestige de l'Académie des Sciences de Berlin, il en offrit la présidence à Voltaire. Bien que flatté, Voltaire préféra rester auprès de la

René Descartes (1596-1650)

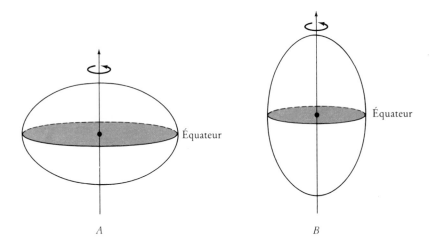

A) La Terre selon Newton
B) La Terre selon Descartes
Le dessin exagère les déformations.

Équateur

A

Équateur

B

Marquise du Chatelet (*). Frederic se tourna vers le célèbre organisateur de l'expédition du Cercle arctique : Maupertuis accepta mais ne prit possession de son fauteuil qu'en 1746.

Entre-temps, Euler était arrivé en 1741 à Berlin, venant de Saint-Pétersbourg, pour prendre la direction de la section mathématique et physique de l'Académie. Il devait occuper ce poste jusqu'en 1766, date de son retour à Saint-Pétersbourg comme membre de l'Académie impériale de Russie. Euler est considéré comme le père des mathématiques russes.

Dès 1744, Euler avait rigoureusement établi que le principe de moindre action permettait de décrire le mouvement d'une masse ponctuelle dans un champ uniforme, comme par exemple celui d'une planète autour du Soleil ; il était convaincu qu'on pouvait découvrir dans tout phénomène un principe de maximum ou de minimum. Ce résultat fut consigné dans un appendice à son *Methodus Inveniendi Lineas Curvas Maximi Minimive Proprietate Gaudentes* (Méthode pour trouver des lignes courbes jouissant d'une propriété de maximum ou de minimum.) Ce premier traité sur le calcul des variations est un des livres les plus célèbres de l'histoire des mathématiques. Euler ignorait tout du principe de Maupertuis lorsqu'il écrivit son appendice : les problèmes qu'il traitait étaient nettement plus complexes que ceux que Maupertuis devait aborder trois ans plus tard.

(*) Cette femme remarquable avait reçu l'enseignement des plus grands savants de l'époque. Avec l'aide de Clairaut, elle prépara la seule et unique traduction en français des *Principia* de Newton. Lorsqu'elle mourut en 1747, Voltaire ajouta à ce texte une préface historique et un poème *Sur la physique de Newton*.

Lors de la publication en 1746 de son ouvrage sur le principe de moindre action, Maupertuis mentionna les travaux d'Euler dans sa préface, en ajoutant : « *Cette remarque.... est une très belle application de mon principe au mouvement des planètes* » !

Euler attribua par la suite l'entière priorité à Maupertuis en déclarant que son propre principe d'économie n'était qu'une « déduction *a posteriori* », tandis que la loi de Maupertuis était une « conception *a priori* ». On lui a beaucoup reproché cette attitude. A-t-il agi par manque de courage, par générosité et loyalisme envers le président de son académie, ou pour des raisons philosophiques ? On ne peut répondre avec certitude à cette question. Le raisonnement de Maupertuis présentait d'ailleurs plusieurs points faibles : il donnait peu d'exemples, et surtout le principe ne se vérifiait pas toujours.

Prenons un des exemples qu'il cite : la réflexion de la lumière. Dans ce cas, le principe de moindre action devient la règle énoncée par Fermat en 1662 : pour aller de la source à l'observateur, la lumière se propage suivant le trajet qui minimise le temps de parcours. Si le milieu de propagation est homogène et isotrope, comme l'eau ou l'air pur, la règle s'exprime sous une forme très simple, connue déjà des Grecs : le trajet de la lumière est le chemin le plus court entre la source et l'observateur.

Considérons un miroir sphérique, placé dans un milieu isotrope homogène, et un rayon lumineux issu du centre M de la sphère. Ce rayon se réfléchit sur le miroir et atteint un point P situé au-delà

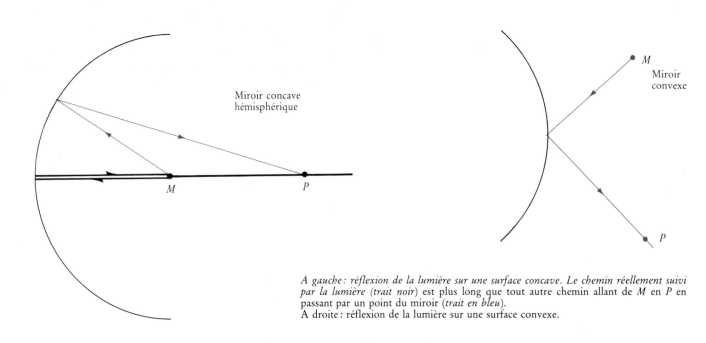

Miroir concave
hémisphérique

Miroir
convexe

A gauche : réflexion de la lumière sur une surface concave. Le chemin réellement suivi par la lumière (trait noir) est plus long que tout autre chemin allant de M en P en passant par un point du miroir (trait en bleu).
A droite : réflexion de la lumière sur une surface convexe.

de *M*. On voit facilement que tout chemin formé de deux segments reliant *M* et *P* au miroir, est plus court que le trajet suivi par le rayon lumineux! Si, au contraire, nous avons affaire à un miroir convexe, le trajet suivi par le rayon lumineux est bien le plus court pour aller de *M* à *P*. On voit, dans cet exemple, que, selon la forme du miroir, la nature agit... ou n'agit pas, selon le principe d'économie maximale!

Le Chevalier d'Arcy se servit d'arguments de ce genre pour montrer, en 1749 et 1752, que le principe de Maupertuis n'était pas clairement formulé, et qu'il pouvait même conduire à des affirmations erronées. L'édifice théologico-philosophique construit sur le principe de l'économie maximale se trouva du coup irrémédiablement ébranlé.

A Berlin, ce fut un nouveau membre de l'Académie, le mathématicien suisse Johann Samuel König (1712-1757) qui attaqua Maupertuis en déclarant que Leibniz avait découvert le principe de moindre action dès 1707. Après une vive controverse sur l'authenticité des documents cités par König, l'Académie déclara le 13 avril 1752 que la pièce essentielle, une copie d'une lettre de Leibniz, était un faux. König démissionna de l'Académie et poursuivit sa querelle avec Maupertuis et Euler. Voltaire à son tour entra dans la polémique et attaqua Maupertuis dans sa *Diatribe du Docteur Akakia*. Le Tout-Paris des littéraires et des encyclopédistes suivit Voltaire, et Maupertuis ne s'en releva pas. Il tomba malade, quitta la cour de Frédéric en 1753 et ne reparut guère à Berlin. Euler mourut en 1759 à Bâle, chez son ami Jean II Bernoulli.

La question de savoir qui découvrit le premier le principe de moindre action est aujourd'hui sans grand intérêt. Nous pouvons accorder le crédit de cette priorité à la fois à Euler et à Maupertuis. Maupertuis fut certainement le premier à avoir présenté ce principe comme une loi universelle de la physique, dont devaient dériver toutes les autres lois. Euler, de son côté, créa la structure mathématique qui servit de modèle pour tous les développements ultérieurs du calcul des variations.

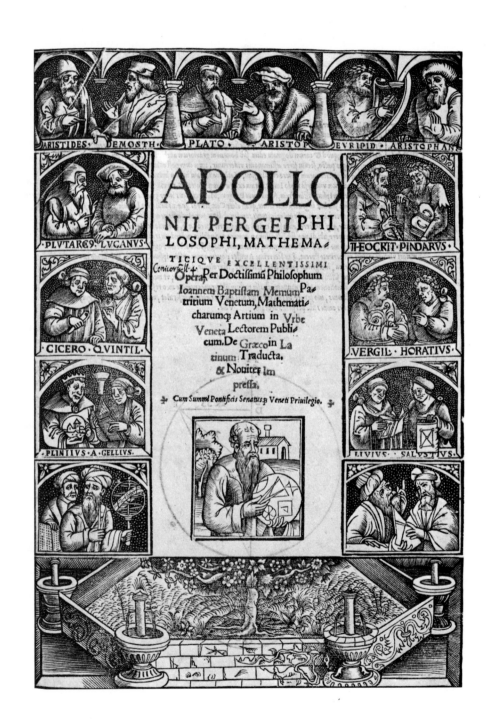

ARISTIDES · DEMOSTH · PLATO · ARISTOT · EVRIPID · ARISTOPHAN ·

APOLLO
NII PERGEI PHI
LOSOPHI, MATHEMA∕
TICIQVE EXCELLENTISSIMI
Opera Per Doctissimū Philosophum
Ioannem Baptistam Memum Pa∕
tritium Venetum, Mathemati∕
charumq̃ Artium in Vrbe
Veneta Lectorem Publi∕
cum. De Græco in La
tinum Traducta,
& Nouiter Im
pressa.

⚜ Cum Summi Pontificis Senatusq̃ Veneti Priuilegio. ⚜

PLVTARC9 · LVCANVS ·

CICERO · QVINTIL ·

PLINIVS · A · GELLIVS ·

THEOCRIT · PINDARVS ·

VERGIL · HORATIVS ·

LIVIVS · SALVSTIVS ·

2

L'héritage de la science antique

L'Antiquité a vu éclore de nombreuses idées scientifiques fondamentales et nous sommes largement tributaires des modes de pensée de ces lointains prédécesseurs. La science moderne a ainsi hérité l'idée fondamentale que l'Univers était harmonieux et que cette harmonie pouvait se refléter dans la beauté des structures mathématiques. Pour les Grecs, les mathématiques se cantonnaient essentiellement à la géométrie et ils se servaient donc de modèles géométriques pour décrire la nature.

Il est intéressant de noter que des principes d'optimum apparurent dans la science antique, mais seulement de façon marginale. Si les savants de l'Antiquité avaient pensé que l'harmonie des choses correspondait à un ordre optimal, ils auraient beaucoup aimé cette idée. Voyons comment fut inventée la géométrie des formes idéales dans la Grèce antique.

Cercles, cycloïdes, sections coniques, et la musique des sphères

C'est en Grèce, au cours des VIIe et VIe siècles avant J.-C., que se seraient, dit-on, développées les mathématiques, après l'adoption par les Grecs d'un alphabet à peu près standardisé (l'alphabet grec classique est du IVe siècle avant J.-C. seulement). À vrai dire, nos connaissances sur la science de cette époque sont peu fiables : il n'y a pas de sources directes et les événements n'étaient répertoriés qu'avec de grands retards. Nos informations sur les deux mathématiciens majeurs de cette période, Thalès de Milet (environ 624-548 avant J.-C.) et Pythagore de Samos (environ 580-500 avant J.-C.), sont tirées de

Frontispice des *Opera* d'Apollonius.

récits plus ou moins légendaires et on s'aperçut que les connaissances mathématiques auparavant attribuées aux premiers philosophes grecs existaient déjà chez les Égyptiens et les Babyloniens, bien des siècles auparavant. Il n'empêche : les Grecs ont joué un grand rôle dans la conservation et la diffusion de ces connaissances à travers le monde méditerranéen. Ils furent les premiers à considérer les concepts mathématiques (les nombres, les figures géométriques) comme des créations abstraites de l'esprit humain, dont les représentations concrètes ne constitueraient qu'une approximation. On distinguait ainsi une ligne d'une corde tendue ou de l'arête d'une pyramide, un rectangle de la frontière d'un champ. Les philosophes grecs comprirent probablement les premiers que la démonstration d'un énoncé mathématique devait se déduire logiquement à partir de faits élémentaires appelés axiomes. Auparavant, les résultats mathématiques s'obtenaient par induction, c'est-à-dire à partir d'observations expérimentales. En constatant que la vérification d'une hypothèse sur 1 000 cas favorables ou même un million ne constituait pas une preuve mathématique lorsqu'il existe une infinité de cas possibles, les Grecs franchirent une étape essentielle ; on attribue l'invention de la démonstration mathématique rigoureuse à un marchand, Thalès de Milet. Au cours de ses voyages d'affaires, il aurait recueilli des formules différentes pour l'aire délimitée par certaines figures géométriques, ou le volume de solides ; c'était le cas pour le tronc de pyramide : les Babyloniens avaient une formule pour ce volume et les Égytiens en avaient une autre. (Les Égytiens avaient eu de sérieuses raisons pratiques de rechercher des formules géométriques : les crues du Nil, en dévastant les champs, effaçaient les délimitations. Il leur fallait trouver un moyen de mesurer les aires et périmètres des terrains.)

Convaincu qu'une seule formule était exacte, Thalès attaquait un double problème : il fallait déterminer la formule correcte, mais aussi convaincre ses interlocuteurs de la validité de son choix, autrement que par un débat subjectif. La méthode qu'il mit au point pour établir certaines propriétés des figures géométriques marqua le début de la géométrie ; celle qu'il employa pour convaincre ses interlocuteurs inaugura le raisonnement déductif (notons incidemment que c'étaient les Égyptiens qui avaient trouvé la bonne formule).

Il est donc naturel de voir en Thalès le père de la première géométrie grecque. L'avènement de cette théorie mathématique abstraite, fondée sur des démonstrations déductives rigoureuses, constitue une étape décisive de la pensée scientifique. Nous verrons, par exemple, qu'elle a entraîné la modélisation mathématique des phénomènes physiques.

Les Grecs définissaient la ligne courbe comme la trace d'un point en mouvement dans l'espace. Assimilée à un point, une planète décrit ainsi dans le ciel une courbe.

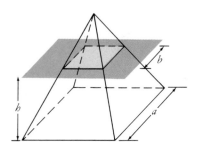

Volume d'un tronc de pyramide de base carrée. $V = 1/3h\,(a^2 + ab + b^2)$

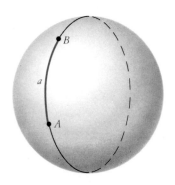

Une *sphère* est le lieu de tous les points de l'espace situés à la même distance donnée d'un point appelé centre. Sur la sphère, le chemin le plus court entre deux points A et B est un arc a du grand cercle passant par A et B.

Saturne

Jupiter

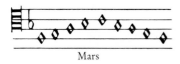

Mars

Terre

Vénus

Mercure

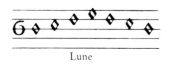

Lune

Les Pythagoriciens croyaient que les révolutions des sphères célestes produisaient des sons harmonieux. On voit ici la mélodie que Kepler attribuait à chaque planète.

Les courbes les plus simples sont les droites et les cercles. La ligne droite est le chemin le plus court entre deux points dans l'espace. Le cercle ne semble pas, à première vue, présenter comme la droite une propriété « minimale » et pourtant, en faisant tourner un cercle autour d'un de ses diamètres, on engendre une sphère, et l'arc qui joint deux points sur ce cercle est le chemin le plus court entre ces deux points sur la sphère (le problème de la reine Didon que nous rencontrerons un peu plus loin met en jeu une autre propriété optimale du cercle).

Les mathématiciens de l'Antiquité employèrent cercles et sphères dans leur modèle du mouvement des planètes et des étoiles. Pythagore supposait que les étoiles étaient fixées sur une sphère de cristal, laquelle faisait chaque jour un tour autour d'un axe passant par la Terre, et que chacune des sept planètes était fixée sur sa propre sphère en mouvement. Ces idées furent développées en une théorie du mouvement des corps célestes qui fit autorité en astronomie jusqu'au XVIe siècle. Le modèle de Pythagore était assez complexe et nous ne mentionnons qu'une autre de ses caractéristiques : pour les Pythagoriciens, l'harmonie de l'Univers devait s'exprimer à l'aide de nombres entiers. Voici ce qu'en disait Aristote dans sa *Métaphysique* :

« ... Les Pythagoriciens s'appliquaient aux mathématiques. Ils en vinrent à croire que les principes de cette science étaient universels. Les nombres étant les premiers de ces principes, ils se figurèrent trouver dans les nombres, mieux que dans le feu, dans la Terre ou dans l'eau, toutes sortes d'analogies avec ce qui est et ce qui sera... Ils virent en outre que les tons de la gamme musicale avaient entre eux des rapports de nombres, que toutes choses ont des nombres pour modèle et que les nombres sont l'ultime réalité de l'Univers physique ; ils supposèrent, en conséquence, que les règles qui gouvernaient les nombres gouvernaient toutes choses, et que l'Univers était une harmonie de nombres. »

Pythagore avait en effet découvert une relation remarquable entre les nombres et les sons musicaux. Quand on pince une corde vibrante, la hauteur de la note musicale obtenue dépend de la longueur de la corde. Pythagore observa que les notes ainsi produites sont harmonieuses, c'est-à-dire agréables à l'oreille, si les longueurs correspondantes de la corde vibrante ont entre elles des rapports de nombres entiers (par exemple 1/2, 2/3, 3/4, ou 5/8). Si l'harmonie pouvait s'expliquer en termes de nombres entiers, pour les pythagoriciens, épris de mysticisme, il en allait de même de toute loi de la nature ; les rapports des distances entre les corps célestes devaient ainsi correspondre aux rapports de longueurs qui engendraient des harmonies musicales. Au cours de leur mouvement giratoire, les sphères célestes produisaient ainsi des sons harmonieux que les initiés pouvaient seuls percevoir : c'était la *musique des sphères*.

Pythagore. Bas-relief (XIᵉ siècle) de la cathédrale
de Chartres.

On pense que le concept pythagoricien d'harmonie céleste a
été le premier modèle abstrait susceptible d'expliquer des phénomènes
naturels complexes au moyen d'une théorie mathématique. Pythagore
tient d'ailleurs une place si importante dans l'histoire des mathématiques et de la physique qu'il convient de retracer les grandes lignes de
sa biographie probablement en partie légendaire.

Pythagore est né dans l'île de Samos. Il séjourna plusieurs
années en Égypte, où Thalès l'avait encouragé à étudier, car il y avait
lui-même puisé une bonne part de son savoir. Imprégné de mathématiques et de mystique, il retourna à Samos, où il fonda une société
religieuse et philosophique. Des raisons politiques le contraignirent à
s'exiler à Crotone, en Italie du Sud où il eut de nombreux disciples.

La Société dont il était le fondateur avait des croyances et des
règles très strictes. Après une période d'initiation, le postulant était
admis à entendre la voix du Maître, caché derrière un rideau ; il fallait
plusieurs autres années de purification spirituelle pour voir Pythagore. Les pythagoriciens croyaient que les mathématiques permettaient à l'âme de s'élever parmi les sphères jusqu'à l'union ultime avec
Dieu.

Le théorème de Pythagore : dans un triangle rectangle, $c^2 = a^2 + b^2$.

Dans un triangle rectangle isocèle, la somme des aires des carrés formés avec les petits côtés est égale à l'aire du carré formé avec l'hypoténuse.

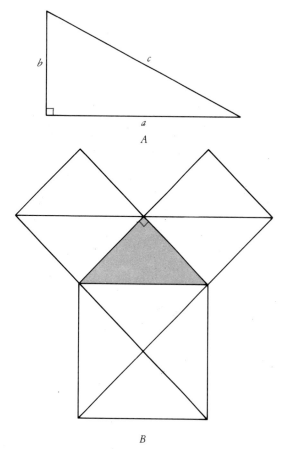

A

B

Parmi les nombreux résultats mathématiques attribués à cette Société, figure le *théorème de Pythagore* : dans un triangle rectangle, les longueurs des côtés a, b, c vérifient la relation $a^2 + b^2 = c^2$, où c désigne la longueur de l'hypoténuse. Ce théorème conduisit les pythagoriciens à découvrir les nombres irrationnels, c'est-à-dire les nombres qui ne peuvent pas s'exprimer comme quotient de deux nombres entiers. Ils furent confrontés par exemple à $\sqrt{2}$ en considérant un triangle rectangle dont deux côtés ont la longueur unité. La longueur du troisième côté c est donnée par $c^2 = 1 + 1$, d'où $c = \sqrt{2}$. Ce nombre doit exister puisque le triangle existe, mais il n'est pas égal au quotient de deux nombres entiers *(voir encadré page suivante)*.

Cette découverte des nombres irrationnels bouleversa les pythagoriciens qui étaient persuadés que tout pouvait s'exprimer à l'aide de nombres entiers et de leur quotient. On raconte même qu'Hippase de Métaponte fut jeté par-dessus bord au cours de la traversée où il découvrit cette propriété « scandaleuse », car les pythagoriciens

Pourquoi $\sqrt{2}$ n'est pas le quotient de deux nombres entiers

Supposons que $\sqrt{2}$ soit le quotient de deux nombres entiers et montrons que cette hypothèse aboutit à une contradiction. On peut alors écrire $\sqrt{2} = P/Q$, P et Q étant deux nombres entiers. En simplifiant la fraction, on a $\sqrt{2} = p/q$ (où p et q sont des nombres entiers sans diviseur commun), d'où l'on tire $2q^2 = p^2$. Voyons maintenant le tableau suivant :

Si un nombre n se termine par   0 1 2 3 4 5 6 7 8 9
son carré n^2 se termine par   0 1 4 9 6 5 6 9 4 1
et le double du carré, $2n^2$ se termine par   0 2 8 8 2 0 2 8 8 2

On voit que l'équation $2q^2 = p^2$ ne peut être satisfaite que si $2q^2$ et p^2 se terminent par 0, ce qui implique que p se termine par 0 et q par 0 ou 5. Dans chacun de ces deux cas, p et q admettraient 5 *comme diviseur commun*, ce qui contredit l'hypothèse initiale. $\sqrt{2}$ ne peut donc pas s'écrire sous forme du rapport de deux nombres entiers.

---

préféraient la garder secrète. Pour la première fois, peut-être, dans l'histoire de la science, un raisonnement abstrait irréfutable contredisait radicalement les idées communément admises.

Le secret dont s'entourait la société, et le rituel mystique qu'on prétendait importé d'Égypte par Pythagore, suscitèrent peu à peu la méfiance : vers 500 avant J.-C., Pythagore dut s'enfuir à Tarente, puis à Métaponte où il fut assassiné ; ses disciples poursuivirent ailleurs leurs activités, au moins jusqu'à 400 avant J.-C.

D'autres écoles grecques de géométrie prirent ensuite la relève car un des traits constants des mathématiques (et semble-t-il de l'esprit humain) consiste à partir de structures simples pour en élaborer d'autres plus complexes. De la droite et du cercle, dont nous avons vu le caractère minimal séduisant, les Grecs passèrent à des courbes plus complexes : ils firent par exemple rouler un cercle sur une droite (comme une roue de train sur un rail), ou sur un autre cercle : un point fixé sur la circonférence de la roue décrit une *cycloïde* si le rail est droit, une *épicycloïde* si la roue roule sur l'extérieur d'un cercle, ou une *hypocycloïde* si elle roule à l'intérieur du cercle.

Un point lié à la roue, mais pas nécessairement sur sa circonférence, décrit une *trochoïde* si le rail est droit, une *épitrochoïde* si la roue roule à l'extérieur d'un cercle et une *hypotrochoïde* dans le cas contraire.

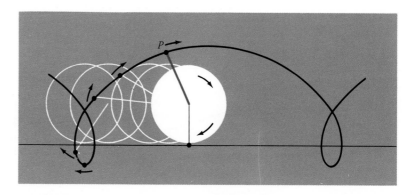

Une trochoïde.

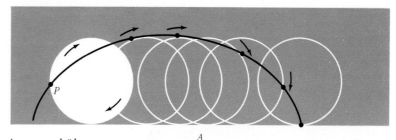

A - une cycloïde

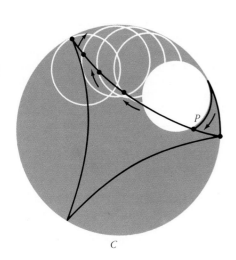

C

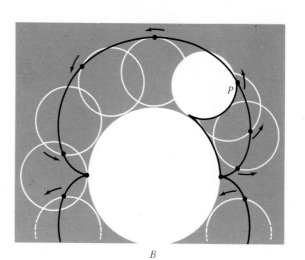

B

C - une hypocycloïde

B - une épicycloïde

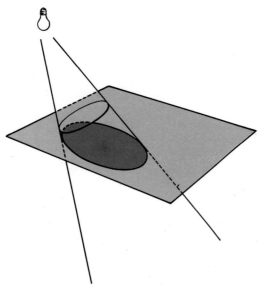

L'ellipse est l'image projetée d'un cercle sur un plan
à partir d'un point fixe.

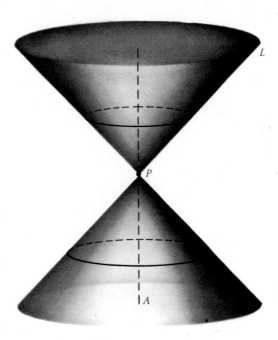

Un cône de révolution.

Quand on projette un cercle sur un plan, le long de lignes
droites passant par un point appelé centre de projection (*l'ampoule de
la figure en haut*), on obtient une ellipse. L'*ellipse* appartient à la
famille des courbes obtenues par intersection d'un cône et d'un plan :
ce sont les *sections coniques* ou *coniques* (*voir l'illustration page 35*). Il
y a cinq coniques : le *cercle*, l'*ellipse*, la *parabole*, l'*hyperbole* et les
droites (*ces dernières ne sont pas représentées page 35 : une paire de
droites est une conique dégénérée*).

A chaque conique non dégénérée, on peut associer un ou deux
points du plan, les foyers, dotés de propriétés remarquables sur
lesquelles nous reviendrons. L'ellipse et l'hyperbole ont deux foyers,
tandis que la parabole et le cercle en ont un seul.

Appolonius de Pergame (262-190 avant J.-C.) établit les principales propriétés des coniques et les décrivit dans les huit tomes de son
livre *Sections coniques*, dont les quatre premiers, aujourd'hui disparus,
reprenaient les travaux d'Euclide.

On a attribué la découverte des sections coniques à Menae-
chme, membre de l'École mathématique de Platon. Cette école fleurit
à Athènes pendant le IVᵉ siècle avant J.-C., juste après l'âge d'or de
Périclès, période classique de l'art, de l'architecture et de la philosophie, durant laquelle l'Acropole fut construite.

Platon, disciple de Socrate, fonda son école, l'Académie, sur un
terrain baptisé *Hekademeia* parce qu'elle était consacrée au héros
Hekademos. Cette institution subsista près d'un millénaire, jusqu'à sa
dissolution par l'Empereur Justinien en l'an 529 de notre ère : il
s'agissait d'une sorte de petite université dont Platon et ses amis
étaient les professeurs. Deux parmi les plus grands mathématiciens
de l'Antiquité, Eudoxe de Cnide (408-355 avant J.-C.) et Théètète
(420-367 avant J.-C.), furent membres de l'Académie. Platon n'était
pas mathématicien, mais il tenait cette science en telle estime qu'il
exigeait que ses disciples consacrent dix années à son étude, avant de
suivre cinq années de philosophie. Sur le fronton de l'Académie on
pouvait lire : « *Nul n'entre ici s'il n'est géomètre.* ».

On raconte que Platon posa à ses étudiants le problème suivant : expliquez le mouvement des corps célestes en combinant des
mouvements circulaires et sphériques. L'astronomie l'intéressait
beaucoup moins en tant que science appliquée, utile aux agriculteurs
et aux marins, que comme un jeu d'esprit qui pose aux géomètres des
problèmes délicats.

Vu de la Terre, le mouvement des planètes paraît bien compliqué. Le Soleil et la Lune semblent se déplacer sur des cercles avec une
vitesse uniforme, mais il fallait expliquer certains écarts. Pour les
planètes, la situation était bien pire car, au cours de leurs révolutions,
leurs trajectoires « revenaient sur leurs pas » dans un mouvement
rétrograde, puis repartaient vers l'avant. Les Grecs cherchèrent donc
à expliquer ce comportement à l'aide d'un modèle géométrique.

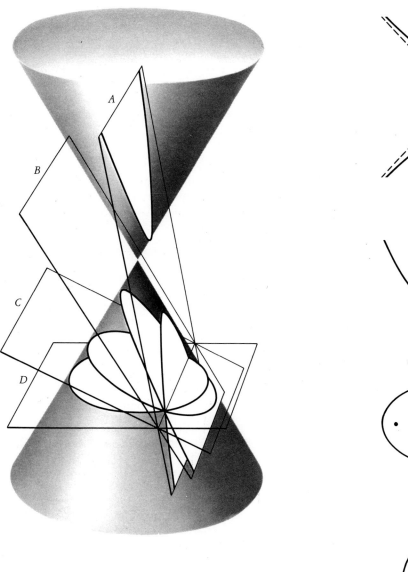

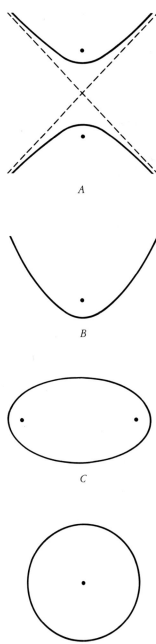

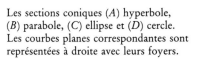

Les sections coniques (A) hyperbole,
(B) parabole, (C) ellipse et (D) cercle.
Les courbes planes correspondantes sont
représentées à droite avec leurs foyers.

Eudoxe s'attaqua au problème et proposa une solution élégante et purement géométrique ; malheureusement elle avait le regrettable inconvénient de s'accorder médiocrement aux faits observés. Appolonius de Pergame proposa, au IIIe siècle avant J.-C., d'expliquer les orbites célestes par des combinaisons de mouvements circulaires analogues à celles qui engendrent les épicycloïdes. Son idée fut le point de départ d'une théorie de l'astronomie qui prédomina pendant 2 000 ans. Le plus grand astronome de l'Antiquité, Hipparque, appliqua ce principe au cours du IIe siècle avant J.-C. Son œuvre nous est parvenue grâce à un ouvrage célèbre : *Recueil mathématique*, écrit au IIe siècle avant J.-C. par Ptolémée, astronome d'Alexandrie. Ce livre que les astronomes arabes du Moyen Âge rebaptisèrent l'*Almageste* (le plus grand), exposait de façon complète le *système géocentrique*, plus tard connu sous le nom de *Système de Ptolémée*. Cette théorie fit l'unanimité, à tel point qu'au Moyen Âge on considéra que l'homme l'avait reçue de Dieu.

Il n'est guère étonnant que les Grecs aient placé la Terre au centre de l'Univers, et non le Soleil que nous voyons chaque matin s'élever et chaque soir décliner et disparaître à l'horizon. Pourtant Aristarque de Samos avait conçu le *système héliocentrique* au IIIe siècle avant J.-C., et enseignait que la Terre et les autres planètes tournaient autour d'un Soleil fixe, sur des orbites circulaires. On rejeta ces idées pour des raisons diverses : comment les objets pouvaient-ils rester en place sur une Terre en mouvement ? Comment expliquer que les hommes ne perçoivent pas le déplacement de la Terre ? Et que les nuages ne restent pas en arrière ? Ces mêmes arguments devaient réapparaître près de 2 000 ans plus tard lorsque Nicolas Copernic reprit à son compte cette théorie.

Né en 1473, Copernic fit des études à l'Université de Cracovie, puis vint à Bologne, ville qui était alors un des pôles scientifiques européens. Il y apprit à faire des observations astronomiques et consacra le reste de son existence à ce divertissement. Il publia les conclusions de ses recherches dans un ouvrage remarquable, *De Revolutionibus Orbium Coelestium*, qui présentait sa théorie héliocentrique et marqua l'avènement de la « révolution copernicienne ». Par précaution, il retarda la parution de son livre jusqu'à l'approche de sa mort, en 1543 ; en 1616, le Vatican mit l'ouvrage à l'Index.

La condamnation au bûcher de l'astronome Giordano Bruno en 1600 ne suffit pas non plus à mettre en garde Galilée. L'opposition de l'Église à ses idées fut d'autant plus acharnée qu'elles remettaient en cause une théorie soutenue par les autorités ecclésiastiques. Quand Galilée publia en 1632 son livre *Dialogue sur les deux grands systèmes du monde*, une étude critique du système héliocentrique, il fut traduit devant le tribunal de l'Église, puis condamné ; il dut abjurer ses écrits et fut assigné à résidence, à l'âge de 70 ans.

Mouvement apparent des planètes. La photographie montre les mouvements de Mercure, Vénus, Mars, Jupiter et Saturne. Le dessin montre les trajectoires des planètes vues de la Terre, que la théorie de Ptolémée essayait d'expliquer.

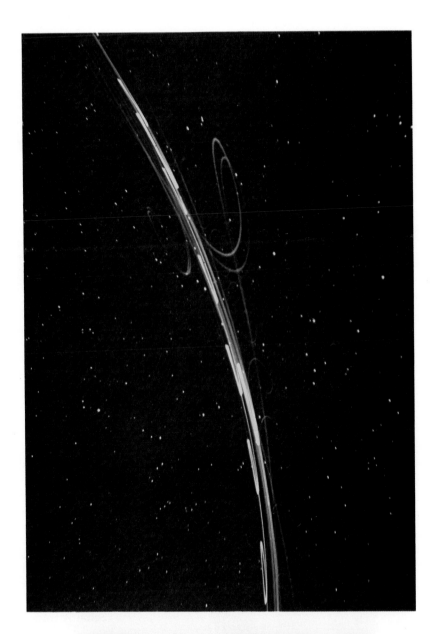

Galileo Galilei (1564-1642).

Johannes Kepler (1571-1630).

Dès 1602, Galilée découvrit qu'une pierre légère tombe aussi vite qu'une pierre lourde et il en déduisit une loi de la mécanique : les corps en chute libre tombent avec la même accélération si on néglige la résistance de l'air. Sa célèbre formule $s = 1/2\ gt^2$ (où $g = 9,81$ mètres par seconde et par seconde) évalue la distance (en mètres) parcourue par un corps en chute libre après t secondes. Il appliqua cette découverte à la résolution du vieux problème de la trajectoire d'une balle lancée en l'air. Galilée montra que si on néglige la résistance de l'air, cette trajectoire avait la forme d'une parabole. C'était sans doute la première fois dans l'histoire qu'on utilisait une conique (autre qu'un cercle ou une droite) pour décrire un phénomène physique.

L'astronome allemand Johannes Kepler lança ensuite une nouvelle bombe scientifique : le cercle n'était plus l'orbite obligée des corps célestes. Après avoir étudié à Tübingen, Kepler devint professeur de mathématiques et de morale à Graz ; en 1600, il vint à Prague, pour être assistant du fameux astronome danois Tycho Brahe qui avait constitué un vaste recueil d'observations astronomiques, d'une qualité très supérieure à celles dont disposaient les anciens Grecs. A la mort de Brahe en 1601, Kepler lui succéda au poste de « Mathématicien Imperial » à la cour de Rodolphe II. Travaillant sur les observations de Brahe, il arriva à la conclusion que les planètes se déplacent sur des orbites elliptiques dont le Soleil occupe un foyer : pour la première fois, l'ellipse apparaissait en astronomie, 2 000 ans après avoir été étudiée par Appolonius en tant qu'objet mathématique.

Kepler était convaincu que la structure de l'Univers était de nature mathématique. La recherche de cette harmonie l'amena à d'étonnantes audaces imaginatives, mais il veilla toujours à confronter sa théorie aux faits observés et découvrit ainsi trois lois fondamentales qui gouvernent le mouvement des planètes. Nous avons déjà vu la première.

La deuxième loi de Kepler énonce que si la planète met, pour aller de A en B, le même temps que pour aller de A' en B', les aires des secteurs SAB et $SA'B'$ sont égales ; cette loi s'énonce quelquefois : « des aires égales sont balayées en des temps égaux ». Elle explique pourquoi la vitesse des planètes et des comètes augmente quand elles s'approchent du Soleil. Par exemple, la comète de Halley parcourt son orbite en 75 ans, mais elle ne passe que quelques jours à proximité du Soleil.

Selon la troisième loi, le carré du temps T mis par une planète pour boucler son orbite est proportionnel au cube du grand axe de cette orbite elliptique, ce qui peut s'écrire $T^2 = Ka^3$, où K est une constante indépendante de la planète considérée.

Après ces découvertes, qui font honneur à l'esprit humain, Kepler écrivit en 1619 dans son *Harmonie du monde* :

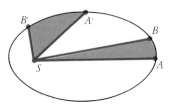

La deuxième loi de Kepler.

La sagesse du Seigneur est infinie, comme le sont sa Gloire et sa Puissance. Cieux, chantez sa louange! Lune, Soleil, planètes, glorifiez-le dans votre langage ineffable. Vous qui comprenez son œuvre merveilleuse et vous Harmonies célestes, louez-le! Et toi mon âme, loue ton créateur! C'est par Lui et en Lui que tout existe. Ce que nous connaissons est compris en Lui mieux qu'en notre vaine science! A lui, Louanges, Honneur et Gloire pour l'Éternité. »

Ainsi les recherches qui avaient commencé avec les sphères de Pythagore et d'Eudoxe, puis les cercles d'Appolonius, de Ptolémée et de Copernic, et les paraboles de Galilée, aboutissaient aux ellipses de Kepler. Les travaux de Galilée et Kepler permirent à Isaac Newton d'élaborer sa magistrale théorie de la gravitation, dont Euler dériva à son tour un *principe d'optimum*, permettant de décrire le mouvement des planètes autour du Soleil. Son œuvre, poursuivie et développée par Lagrange, Hamilton et Jacobi, conduisit aux *principes variationnels*, sur lesquels repose toute la mécanique classique. Ce parcours mène à la physique atomique, la mécanique quantique et la relativité générale.

Le problème de la reine Didon

On trouve déjà une référence à une propriété optimale du cercle dans l'*Énéide*, poème épique de Virgile (contemporain de l'empereur romain Auguste).

Didon, princesse phénicienne de la ville de Tyr, dut s'enfuir, après que son frère Pygmalion eut assassiné son époux pour s'emparer du pouvoir, et vint fonder Carthage sur la Côte africaine au cours du IXᵉ siècle avant notre ère. Elle acheta au roi Iarbas de Numidie une terre pour s'établir avec son peuple. Iarbas, qui refusait tout nouvel établissement dans son pays, consentit à lui octroyer la parcelle de terre que pourrait recouvrir une seule peau de bœuf.

Didon en tira le meilleur parti possible. Elle fit tailler la peau en fines lanières, mises ensuite bout à bout pour former un très long cordon (long de 1 000 à 2 000 mètres si on suppose que l'épaisseur était de deux à trois millimètres). Puis elle fit disposer cette corde sur le sol, de façon à enclore la plus grande surface possible. Si nous supposons que le sol était plat, Didon avait à résoudre le problème mathématique suivant : «Trouver, parmi toutes les courbes fermées de longueur donnée, celle qui délimite la plus grande surface. » Didon comprit sûrement que la solution est un cercle qui délimite, avec le périmètre donné, une surface comprise entre 10 et 20 hectares. D'après la légende, Didon améliora encore le résultat : il suffisait de fixer les extrémités du cordon au bord (supposé rectiligne) de la mer de façon à former un demi-cercle. Les cartes de certaines cités médiévales montrent que les mêmes principes ont inspiré leurs bâtisseurs.

Les Grecs connaissaient bien ce genre de problème dit «isopé-rimétrique» (*). Dans la pratique, ils cherchaient ainsi à déduire la taille d'une île de la durée d'un circuit en bateau le long du rivage. Que d'erreurs en perspective! Il faut beaucoup plus de temps pour contourner une île minuscule au rivage très découpé *(voir les figures en page suivante)* qu'une île vaste au contour lisse.

Les gens conscients de ce problème pouvaient ainsi tromper un propriétaire ignorant, en proposant la méthode du circuit pour éva-luer la superficie d'un terrain. Dans son commentaire sur le premier livre d'Euclide (450 après J.-C.), Proclus signale des pratiques de ce

Carte médiévale de Cologne.

Périple d'un bateau autour d'une île.

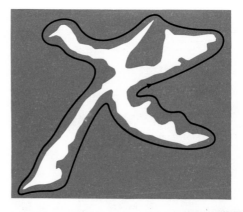

genre. Nous verrons plus loin que le problème isopérimétrique a compté parmi les thèmes de recherches les plus stimulants et les plus fructueux de l'histoire des mathématiques.

Rappelons enfin que Virgile raconte dans l'*Énéide* les pérégrinations d'Énée de Troie, contraint à l'exil avec les siens après la victoire d'Agamemnon. Parti en bateau d'Asie Mineure, il sillonna la Méditerranée jusqu'en Italie où il fonda la nation romaine. Au cours de son voyage, il rencontra à Carthage la reine Didon qui voulut l'épouser, mais il dut partir sur les injonctions de Jupiter : désespérée, elle se poignarda sur un bûcher. Le poète Dante la condamne dans la *Divine Comédie* au deuxième cercle de l'enfer. Aux premiers temps de l'Empire britannique, Henry Purcell s'inspira de ce drame dans son opéra *Didon et Énée* (1689).

(*) On trouve la première démonstration de la propriété isopérimétrique du cercle dans le commentaire par Theon de l'*Almageste* de Ptolémée, et dans l'œuvre complète de Pappus. Le père de cette démonstration est Zénodore qui vécut entre Archimède (mort en 212 avant J.-C.) et Pappus (environ 340 de notre ère) : il cite en effet le premier et est cité par le deuxième. Sa démonstration comportait une lacune, qui fut comblée seulement à la fin du XIXᵉ siècle, par le mathématicien Weierstrass, dans son cours à l'Université de Berlin.

Didon et Énée (*Codex Vergilii Romanus 3867*).
Probablement du VIIᵉ siècle.

La réflexion de la lumière et
les miroirs ardents d'Archimède

Le premier principe d'optimum découvert en physique expliquait la réflexion de la lumière sur un miroir incurvé.

Les Grecs, depuis l'époque de Pythagore, avaient étudié les rayons lumineux. Empédocle d'Agrigente (en Sicile) avait déclaré, dès 490 avant J.-C., que la lumière se déplaçait dans l'espace avec une vitesse finie, mais ce n'est qu'en 1676 que l'astronome et mathématicien danois Ole Römer (1644-1710) confirma sa remarquable intuition.

On attribue à Euclide (environ 320-270 avant J.-C.) l'essentiel des résultats connus des Grecs sur les propriétés de la lumière. Il habitait Alexandrie, ville fondée en 331 avant J.-C. par Alexandre à l'embouchure du Nil. Sous la dynastie des Ptolémée, Alexandrie devint la capitale scientifique du monde, titre qu'elle conserva durant plus de cinq siècles. Après la chute d'Athènes en 38 avant J.-C., le foyer de la culture grecque s'y était fixé, recueillant toutes les connaissances de l'Antiquité et les diffusant vers l'ensemble du monde connu. C'est vers 285 avant J.-C. que fut fondé le Musée (de *Museion*, Temple des Muses) dont la bibliothèque contenait à son apogée environ 750 000 manuscrits. C'est à Alexandrie qu'Euclide écrivit ses *Éléments* (de mathématiques), un des ouvrages les plus répandus à travers le monde occidental (on en connaît 1 700 éditions). Les 13 livres qui composent les *Éléments* synthétisent, sous forme claire et logique, la majeure partie des connaissances mathématiques de l'époque. Si la géométrie y occupe une place privilégiée, on trouve aussi dans cet ouvrage des théorèmes de Théorie des Nombres et certaines propriétés des surfaces et des volumes. Le roi Ptolémée Soter avait, dit-on, demandé à Euclide s'il n'y avait pas une façon plus simple d'apprendre la géométrie que de lire les *Éléments*. Euclide lui rétorqua : « *Il n'y a pas de voie royale vers la géométrie.* »

Outre les *Éléments*, d'autres œuvres d'Euclide nous ont été transmises, notamment son *Optique* et sa *Catoptrique* (*) (théorie des miroirs). Ces deux ouvrages sont restés, jusqu'au XVIIe siècle, aussi fondamentaux en optique géométrique que les *Éléments* en mathématiques.

Dans son *Optique*, Euclide affirmait : *la lumière se propage en ligne droite dans l'espace*. Il s'est fondé sur cette hypothèse et quelques autres considérations pour élaborer sa dissertation sur la nature de la vision. On trouve dans la *Catoptrique* la loi fondamentale de la

---

(*) La *Catoptrique* a été attribuée tardivement à Euclide, mais il n'en est probablement pas l'auteur. On ne sait donc pas qui découvrit la loi de réflexion, mais on pense qu'Archimède la connaissait.

Chapitre 2

réflexion exprimée par deux règles s'appliquant à un rayon lumineux réfléchi par un miroir :

RÈGLE 1 : Le rayon incident et le rayon réfléchi sont contenus dans le même plan.
RÈGLE 2 : L'angle d'incidence est égal à l'angle de réflexion.

Si le rayon incident frappe le miroir au point P, le *plan d'incidence* contient le rayon incident et la perpendiculaire L au miroir en P. Le *plan de réflexion* se définit de façon analogue. *L'angle d'incidence* est l'angle complémentaire (à 90 degrés) de l'angle aigu formé par le rayon incident avec la perpendiculaire L. *L'angle de réflexion* se définit de façon analogue.

La Règle 1 affirme que *le rayon incident et le rayon réfléchi se situent dans un même plan perpendiculaire au miroir*. Ce plan coupe le miroir selon une courbe plane C qui est une droite pour un miroir plat. Le rayon réfléchi se trouve donc dans le plan qui contient la

L'angle d'incidence α est égal à l'angle de réflexion β.

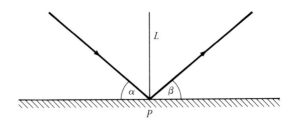

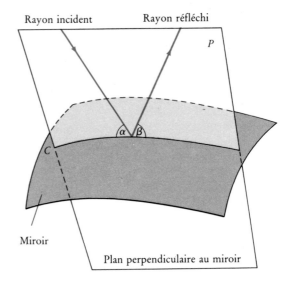

La loi de réflexion pour un miroir courbe :
α = β.

courbe C. D'après la Règle 2, les angles d'incidence et de réflexion dans ce plan sont égaux : ceci réduit l'étude à celle *des rayons lumineux réfléchis sur des courbes planes*.

　　Quatre siècles après Euclide, vers l'an 100 de notre ère, Héron d'Alexandrie découvrit, derrière la loi de réflexion, un principe plus fondamental : *la lumière suit toujours le plus court chemin*. Considérons en effet la réflexion sur un miroir plan, qui revient à la réflexion d'un rayon sur une ligne droite. Soit deux points P et Q situés du même côté d'une courbe C. Quel est le plus court chemin, partant de P, qui atteint Q après avoir rencontré la courbe C?

　　En termes concrets, imaginons qu'un cow-boy souhaite rentrer au ranch mais que son cheval ait soif. Sachant que le ranch et le cavalier sont du même côté de la rivière rectiligne, quel est le chemin le plus court permettant au cheval de s'abreuver avant de retourner au ranch? Héron répond à la question en disant qu'il faut aller en ligne droite de P en R, sur la rivière, puis de R en Q, R étant choisi de telle façon que l'angle d'incidence égale l'angle de réflexion. La légende de la figure (page 46) donne une démonstration de ce théorème.

　　« Quel est le plus court chemin? » est une question que nous nous posons en bien des circonstances lorsque nous sommes pressés d'arriver le plus tôt possible à destination. Le problème que nous venons de voir peut se généraliser de bien des façons. Considérons

Quel est le chemin le plus court pour aller de P en Q en passant par M? Ou encore : quel est le trajet le plus court qui permette au cow-boy d'abreuver son cheval avant de rentrer chez lui?

Solution du problème.

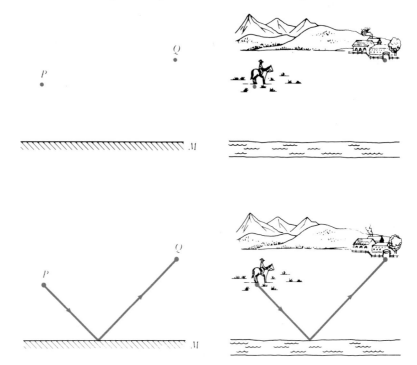

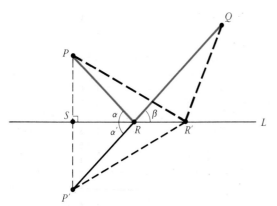

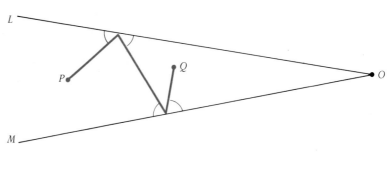

Chemin le plus court entre P et Q en touchant
d'abord la ligne L, puis la ligne M.

DÉMONSTRATION DU THÉORÈME D'HÉRON.
La ligne droite étant le chemin le plus court
entre deux points, nous pouvons admettre que
le trajet recherché consiste en segments de
droite. La perpendiculaire à L menée de P
rencontre L en S. Soit P' le symétrique de P
par rapport au point S, la droite $P'Q$ coupe L
en un point R. Montrons que R est le point où
le plus court chemin rencontre la droite L. Les
angles α, α' et β sont égaux. La loi de réflexion
en R est vérifiée. D'autre part $QR + RP =$
QP'. Pour tout autre point R' de L, dans le
triangle $QR'P'$, on aura $QR' + R'P' > QP'$.
Comme $R'P' = R'P$, on aura donc
$QR' + R'P > QR + RP$. Le chemin QRP est
donc bien le trajet le plus court rejoignant P et
Q en touchant L.

par exemple deux points P et Q situés entre deux lignes L et M. Le
chemin le plus court menant de P à Q en touchant d'abord la ligne L,
puis la ligne M, est une ligne brisée qui satisfait la loi de réflexion en
M comme en P.

Nous avons étudié jusqu'ici des exemples de réflexion sur des
droites, mais les Grecs se sont aussi intéressés aux réflexions sur des
lignes courbes de miroirs incurvés, notamment sur des coniques.

Voyons d'abord l'*ellipse*. Elle a deux foyers P et Q, qui ont une
propriété remarquable :

Pour tout point R de l'ellipse, la somme $PR + QR$ est égale à une valeur
constante d. De plus pour tout autre point R du plan cette somme $PR + QR$ est
plus petite ou plus grande que d, selon que R se trouve à l'intérieur ou à l'extérieur
de l'ellipse.

Traçons la tangente T en un point R de l'ellipse (*voir la figure
du dessous*). D'après la propriété indiquée ci-dessus, la ligne brisée
PRQ est le chemin le plus court pour aller de P en Q en touchant la
tangente T. Nous pouvons déduire du principe de Héron que l'angle
incident est égal à l'angle réfléchi. Puisque la somme $PR + QR$ ne

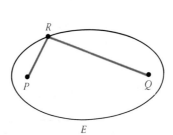

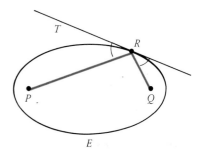

Réflexion de la lumière à l'intérieur d'une ellipse.

dépend pas du point R choisi sur l'ellipse, on en déduit que tout rayon lumineux issu d'un foyer passera par l'autre foyer après réflexion sur l'ellipse.

Si l'on fait tourner l'ellipse autour de son grand axe (la droite passant par les deux foyers), on engendre un miroir elliptique doté d'un singulier pouvoir : si l'on place à son foyer une source intense de lumière, par exemple le Soleil, tous ses rayons convergent vers l'autre foyer, incendiant tout ce qui se trouve à cet endroit.

Une parabole a des propriétés analogues. En un sens, on peut la considérer comme une ellipse dont un des foyers est repoussé à l'infini. Tous les rayons lumineux issus du foyer forment ainsi, après réflexion sur la parabole, un faisceau de rayons parallèles. Inversement un faisceau lumineux provenant d'une source très éloignée (le Soleil par exemple) arrivera sur le miroir selon un faisceau parallèle réfléchi par la parabole en un faisceau convergent vers son foyer. En faisant tourner la parabole autour de son axe, on obtient un miroir parabolique à trois dimensions, qui concentrera dans son foyer tous les rayons parallèles à son axe. Le Soleil devient ainsi une arme redoutable (*).

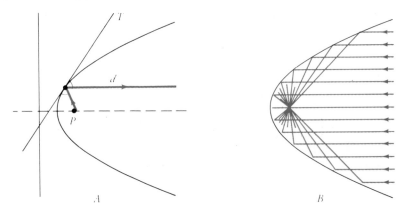

Réflexion sur une parabole (A). Parabole de foyer P. (B) Tous les rayons parallèles à l'axe sont concentrés après réflexion sur le foyer P.

En 216 avant J.-C., la colonie grecque de Syracuse s'était alliée à Carthage dans sa lutte contre Rome, durant la deuxième des trois guerres puniques. En 214 avant J.-C., les Romains mirent le siège devant Syracuse. La légende rapporte que les « miroirs ardents » d'Archimède conjugués au soleil brûlant de l'été silicien réussirent à incendier la flotte romaine. De quels miroirs s'agissait-il?

(*) En général, l'objet à incendier empêche les rayons solaires d'arriver sur le miroir selon un faisceau parallèle. En réalité, l'axe et les rayons solaires forment un angle; les rayons réfléchis ne se concentrent pas en un seul point, mais sur une surface géométrique compliquée : la *caustique* du miroir. Cette caustique présente généralement une corne, et la concentration des rayons est particulièrement forte autour de la pointe de cette corne; on peut donc placer l'objet à brûler à cet endroit.

Archimède (287-212 avant J.-C.), le plus grand mathématicien de l'Antiquité, passa la plus grande partie de sa vie dans sa ville natale de Syracuse. Il compléta, dit-on, ses études au Musée d'Alexandrie. Ce qui est sûr, c'est qu'il visita l'Égypte au moins une fois dans sa vie.

La réputation scientifique d'Archimède repose principalement sur ses découvertes mathématiques, stupéfiantes pour l'époque. Il calcula, par exemple, le nombre π, mesure de la surface d'un cercle de rayon unité, avec une excellente approximation. Il montra que π est compris entre $3 + 1/7$ et $3 + 10/71$. Il calcula aussi le volume et la

Les « miroirs ardents ». Gravure du XVIIᵉ siècle.

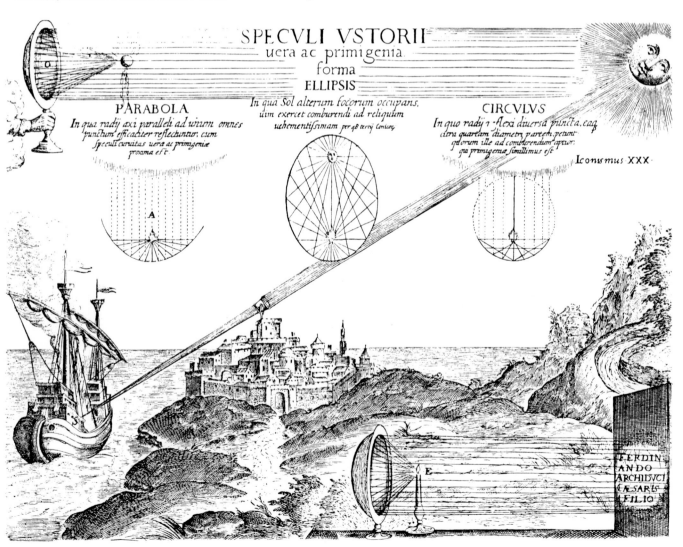

Théorème d'Archimède : la série des volumes d'un cône, d'une demi-sphère et d'un cylindre, de même rayon et de même hauteur, suit la même progression que 1, 2, 3.

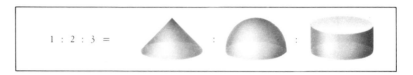

surface d'objets aux formes complexes, comme par exemple le volume de la sphère de rayon r (4/3 πr^3) et sa surface ($4 \pi r^2$). Il était très fier d'avoir prouvé que la série des volumes d'un cône, d'une demi-sphère et d'un cylindre, de même rayon et de même hauteur, suit la même progression que la série 1, 2, 3.

Archimède était aussi un mécanicien de génie, admiré de ses contemporains et de la postérité. Il inventa la vis qui porte son nom et servait à l'élévation de l'eau ; on l'utilisait en Égypte pour irriguer les champs et en Espagne pour pomper l'eau des mines ; il conçut le *Planetarium*, un mécanisme ingénieux qui reproduisait le mouvement des astres grâce à un système de sphères. On peut trouver dans les grands musées scientifiques contemporains de tels dispositifs qui étaient vraisemblablement déjà populaires durant l'Antiquité. L'écrivain Claudianus (environ 400 après J.-C.) imaginait l'étonnement de Jupiter voyant son œuvre copiée par le mathématicien de Syracuse ; Cicéron rapporte que Marcellus, après la reddition de la cité en 212 avant J.-C., se contenta, pour sa part de butin, de deux exemplaires du *Planetarium*.

Mais, dans l'Antiquité, c'est sa contribution à la défense de Syracuse qui fit la gloire d'Archimède. Lorsque les Romains mirent le siège devant la cité (214 avant J.-C.), ils éprouvèrent la puissance inattendue des armes conçues par ce mathématicien de 73 ans. Des engins redoutables lançaient sur les légions romaines des boulets de pierre à longue portée, tandis que d'autres projetaient sur eux une grêle de projectiles à courte portée. D'énormes grues lâchaient des blocs de pierre sur les bateaux romains, ou soulevaient la proue avec des grappins de fer, pour les laisser ensuite se fracasser en retombant dans la mer. Dans sa *Vie de Marcellus*, Plutarque rapporte cette exclamation de Marcellus :

Ne viendrons-nous pas à bout de ce Briarée géomètre (Briarée était un géant de la mythologie grecque) qui puise l'eau de mer avec nos bateaux en guise de cuillère, qui a honteusement rossé et repoussé nos tours d'assaut roulantes et nous accable de projectiles avec une puissance supérieure à celle des trois géants aux cent bras de la mythologie?

Les soldats romains étaient terrorisés. Plutarque raconte :

Dès qu'ils voyaient une corde ou un morceau de bois dépasser des remparts, ils prenaient la fuite, criant qu'Archimède avait encore inventé une nouvelle machine pour les anéantir.

Ce cauchemar allait continuer de plus belle pour les Romains : les « miroirs ardents » d'Archimède incendièrent leurs navires. Qu'en fut-il dans la réalité ? Aucun historien de l'époque ne mentionne ces miroirs, qui n'apparurent que dans des textes nettement ultérieurs. Galien (129-199 après J.-C.), un des grands médecins de l'Antiquité avec Hippocrate, fut le premier à les signaler. Voici le compte rendu qu'en fit en 1200 l'historien byzantin Tsetses, hélas peu digne de foi :

Lorsque les vaisseaux romains furent à portée de flèche, Archimède disposa un miroir à six faces et d'autres, plus petits, à 24 faces que l'on pouvait orienter à l'aide de charnières et de fils métalliques. Il plaça le miroir à six faces en direction du méridien, face au Soleil, et les rayons réfléchis allumèrent un grand feu qui réduisit en cendres les vaisseaux, bien que ceux-ci se soient mis hors de portée des flèches.

Un tel système de plaques réfléchissantes pouvait produire le même effet qu'un miroir parabolique. Un architecte mathématicien du VIᵉ siècle, Anthéminus, pensait, lui aussi, qu'Archimède s'était servi de miroirs à six faces. Plusieurs historiens considérèrent l'affaire comme pure légende, et la controverse se poursuivit pendant des siècles. Quoi qu'il en soit, en 1747, le naturaliste Georges Buffon démontra expérimentalement que le système attribué à Archimède était réalisable. L'ingénieur grec Ioannis Sakkas en a fait aussi la preuve en 1973.

La mort d'Archimède. Mosaïque attribuée à l'École de Raphaël.

Le siège de Syracuse dura deux ans, et c'est seulement par trahison que la ville tomba. Après la reddition, un soldat tua Archimède malgré l'ordre donné par Marcellus d'épargner la vie du savant. D'après la légende, celui-ci était absorbé par l'étude de figures géométriques qu'il avait tracées dans le sable, lorsque le soldat se présenta devant sa maison. Archimède lui ayant dit : « *Ne brouille pas mes figures!* », le soldat, se croyant insulté, lui donna la mort.

Marcellus lui fit élever un tombeau sur lequel il avait fait représenter une sphère inscrite dans un cylindre, exauçant ainsi le vœu d'Archimède d'immortaliser son théorème favori. Lors d'une visite en Sicile, Cicéron (106-43 avant J.-C.) retrouva ce monument, parmi les ronces et les épines.

Archimède n'accordait qu'une importance secondaire à ses réalisations d'ingénieur. Voici ce qu'en dit Plutarque :

> Il ne daigna laisser aucune trace écrite des travaux de ce genre, qu'il considérait comme vulgaires et indignes, ainsi d'ailleurs que toute entreprise vouée à l'utilité et au profit. Seules l'intéressaient les choses qui, par leur beauté et leur excellence, n'avaient aucun rapport avec les besoins ordinaires de la vie pratique.

Si l'on songe aux horreurs causées par les inventions scientifiques, au cours des guerres, on ne peut guère donner tort à Archimède. Le mathématicien anglais G.H. Hardy écrivait en 1940 :

> Il y a les vraies mathématiques des vrais mathématiciens, et celles que j'appellerai, faute d'un meilleur terme, les mathématiques triviales. On peut invoquer divers arguments pour justifier ces dernières... mais ce n'est pas ainsi que l'on peut justifier les vraies mathématiques. Elles sont un art et n'ont pas d'autre justification à fournir, à supposer qu'une justification s'impose. Il n'y a là aucun paradoxe et cette opinion est très répandue chez les mathématiciens... Il y a une conclusion aisée et réconfortante pour le vrai mathématicien. Les vraies mathématiques n'ont aucun effet sur la guerre. Personne n'a encore découvert une application guerrière de la théorie des nombres ni de la théorie de la relativité, et il paraît peu probable qu'on en trouve une avant longtemps. Certaines branches des mathématiques appliquées, comme la balistique ou l'aérodynamique, ont été, il est vrai, développées délibérément pour la guerre et font appel à des techniques très élaborées. Il est peut-être exagéré de les qualifier de « triviales », mais aucune d'entre elles ne peut prétendre être de « vraies » mathématiques. De fait, elles sont laides et repoussantes et d'un ennui intolérable... Un vrai mathématicien a donc la conscience claire : la valeur éventuelle de son œuvre n'a pas de contrepartie négative ; j'ai déclaré à Oxford que les mathématiques sont une occupation bénigne et innocente. Les mathématiques triviales, au contraire, ont de nombreuses applications guerrières... et la conséquence globale de ces applications est claire : elles rendent possible (quoique moins directement que la physique ou la chimie) la guerre moderne, scientifique, la guerre totale.

Il n'y a pas, hélas, de mathématiques innocentes. Même la théorie des nombres, chère à Hardy, est maintenant un instrument, entre les mains des Services Secrets!

3

Les plus courts chemins

« *Sans doute, dit Wimsey, mais si vous croyez que cette identification va suffire à résoudre vos problèmes, vous vous trompez... Puisque nous avons consacré un bon bout de temps à cette affaire en pensant qu'il s'agissait d'un meurtre, il conviendrait de s'assurer que cette hypothèse est exacte.* »

Lord Peter Wimsey dans *Have His Carcase*, roman policier de Dorothy L. Sayer.

Nous avons tous eu à résoudre un problème relevant du calcul des variations. Lorsque nous prenons la route, nous cherchons l'itinéraire le plus court ou le plus rapide pour atteindre notre destination. Les réponses à ces deux questions ne sont pas toujours identiques : il peut être plus rapide de faire un détour en prenant l'autoroute que de choisir un raccourci par une route de montagne.

Les Romains s'intéressèrent à ce genre de problèmes, notamment lorsqu'ils construisirent le magnifique réseau routier qui reliait l'Italie aux autres provinces de l'Empire. Ce réseau facilitait le déplacement rapide des légions chargées de mater les rébellions, mais il permettait également aux rebelles d'atteindre Rome rapidement!

Ces questions revêtirent une importance cruciale aux XVe et XVIe siècles, lorsque les puissances européennes développèrent les transports vers l'Extrême-Orient ou le Nouveau Monde : des communications maritimes rapides assuraient des profits accrus. Les expéditions de Vasco de Gama ou de Christophe Colomb eurent certainement pour principal moteur des considérations économiques.

Leonhard Euler (1707-1783).

Gerardus Mercator (1512-1594).

Hermann Amandus Schwarz (1843-1921).

Le fait qu'à cette époque on admit à nouveau la sphéricité de la Terre n'a rien de surprenant. Pour les Anciens, la Terre était un disque plat, entouré par l'océan et recouvert par les cieux. Pythagore enseignait pourtant que la Terre était sphérique et Aristote et Archimède avaient essayé de le prouver. Ératosthène (environ 275-195 avant J.C.), directeur de la bibliothèque d'Alexandrie, avait même donné une valeur précise de la circonférence terrestre : environ 37 000 kilomètres. La sphéricité de la Terre était donc certainement admise par les savants de l'époque, alors qu'on ne faisait plus guère mention de ces considérations à la fin de l'Empire romain. Les Pères de l'Église déduisaient de la Bible que la Terre était un disque plat, une roue dont Jérusalem était le centre. Cependant, la science grecque ne fut jamais totalement oubliée et elle réapparut en Europe à la Renaissance. A la même époque où Christophe Colomb découvrit l'Amérique (1492), Martin Behaim construisit le premier globe terrestre depuis l'Antiquité. L'essor du commerce et de la navigation demanda un effort scientifique considérable pour établir des cartes géographiques précises : Gerardus Mercator fut un des premiers à appliquer à ce travail des règles mathématiques. (Ce n'est qu'au XIXe siècle, grâce à Gauss, que l'on comprit les principes mathématiques de la représentation cartographique. Nous étudierons l'œuvre de Gauss ultérieurement.)

Nous devons aux frères Bernoulli (1697) les bases de la théorie mathématique des plus courts chemins sur une surface déterminée, la Terre par exemple. Avant d'étudier cette théorie, nous considérerons quelques questions plus simples, relevant de la géométrie élémentaire.

Le premier de ces problèmes fut posé et résolu par H.A. Schwarz, professeur à Göttingen, puis à Berlin, l'un des meilleurs spécialistes du calcul des variations du XIXe siècle. Il écrivait régulièrement des articles sur des problèmes élémentaires, dont voici un exemple :

Étant donné un triangle dont tous les angles sont plus petits que 90 degrés, trouver un triangle inscrit dont le périmètre soit minimal.

(On dit qu'un triangle PQR est inscrit dans un triangle ABC si chacun des trois sommets P, Q, R touche un côté différent du triangle ABC) (*)

La réponse n'est pas évidente. Schwarz montra que le triangle cherché est le *triangle des hauteurs*, celui dont on obtient les sommets P, Q, R en abaissant de chaque sommet A, B, C la perpendiculaire au côté opposé du triangle ABC.

Voyons pourquoi le triangle des hauteurs est la solution. Le principe de Héron nous dit que la solution doit être un *triangle de lumière* : si ABC représente une salle dont les murs sont des miroirs,

---

(*) Notons que le triangle de périmètre maximal inscrit dans ABC est le triangle ABC lui-même.

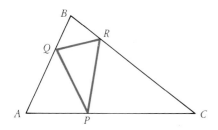

Triangle inscrit.

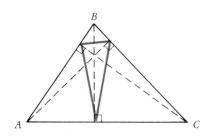

Triangle des hauteurs.

Karl Weierstrass (1815-1897).

le chemin le plus court est le circuit triangulaire fermé que suit un rayon lumineux. Compte tenu de l'égalité des angles d'incidence et de réflexion des rayons lumineux, un raisonnement élémentaire montre que le *triangle des hauteurs* est le seul *triangle de lumière* inscrit dans *ABC*.

Nous n'avons pas encore démontré le théorème de Schwarz. Nous avons seulement prouvé que le triangle des hauteurs est la seule solution *possible*, mais il n'est pas certain que ce soit effectivement une solution. Nous n'avons pas encore démontré que le problème de Schwarz a effectivement une solution. Certains diront que nous cherchons à couper les cheveux en quatre, mais une démonstration doit être rigoureuse. Pour vous en convaincre, mettez-vous à la place de Lord Peter Wimsey : vous avez trouvé le cadavre et savez que le coupable figure sur une liste de 17 suspects. Après avoir réuni tous les indices et vérifié les alibis, il ne vous reste plus qu'un suspect : le maître d'hôtel. Celui-ci est donc l'assassin? Comme vous être prudent, vous examinez à nouveau tous les indices et parvenez à prouver qu'il s'agit d'un suicide: il n'y a pas d'assassin! Moralité, il ne suffit pas de trouver un suspect clairement désigné pour expliquer la cause d'un décès, il faut aussi prouver qu'il s'agit bien d'un meurtre.

Le même principe s'applique à notre problème mathématique. Le triangle des hauteurs est seul candidat à la solution, mais il reste à prouver l'existence d'une solution.

Si ce point vous avait échappé, consolez-vous. Les plus grands mathématiciens, dont Riemann, firent la même erreur. Seul Karl Weierstrass, professeur à l'Université de Berlin, sut montrer, en 1869, par un exemple frappant, que pour résoudre un problème de minimum il faut non seulement trouver toutes les solutions possibles mais encore prouver l'existence d'au moins une solution.

Si notre histoire policière ne vous a pas convaincu, voici un autre exemple.

Nous savons que 1 est le plus petit nombre entier positif. Supposons qu'il existe un nombre entier plus grand que tous les autres : nous allons prouver que ce nombre est égal à 1! Considérons pour cela un entier quelconque n, différent de 1. Puisque n est plus petit que l'entier n^2, il ne peut pas être le plus grand nombre entier. Le nombre 1 reste ainsi le seul candidat possible et est donc le plus grand nombre entier...

Où est l'erreur dans ce raisonnement? Elle consiste à supposer l'existence d'un plus grand nombre entier.

La remarque critique de Weierstrass incita les mathématiciens à mettre au point une méthode de raisonnement, connue sous le nom de *méthode directe pour le calcul des variations*, qui permet souvent de démontrer l'existence d'une solution à un problème de minimum ou de maximum. Dans le cas du problème de Schwarz, on démontre assez facilement l'existence d'une solution à l'aide d'un raisonnement de géométrie élémentaire (*voir figures en page suivante*).

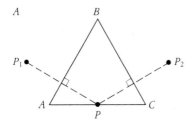

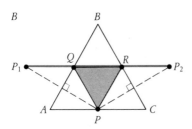

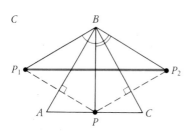

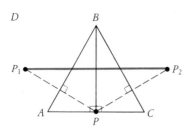

Démonstration élémentaire de l'existence d'une solution au problème de Schwarz.
A. Réflexion de P sur deux côtés d'un triangle.
B. Triangle inscrit arbitraire, dont l'un des sommets est en P.
C. Y a-t-il sur AC un point P pour lequel la distance $P_1 P_2$ soit minimale? ($P_1 P_2$ mesure le périmètre du triangle inscrit PQR).
D. Oui, P doit être le pied de la hauteur issue de B.

Prenons sur le côté AC un point arbitraire P. Soit P_1 et P_2 les images de P réfléchies sur les côtés AB et AC respectivement, et deux autres points Q et R choisis sur AB et BC. Le point P étant donné, le périmètre du triangle inscrit PQR, égal à $P_1 Q + QR + RP_2$, est minimal lorsque Q et R sont sur la droite $P_1 P_2$.

Le problème de Schwarz revient donc à chercher un point P sur AC, pour lequel la distance $P_1 P_2$ soit minimale. Nous allons montrer que P doit être au pied de la perpendiculaire menée de B sur le côté AC. Remarquons d'abord que le triangle $P_1 B P_2$ est isocèle ($P_1 B = PB = P_2 B$) et que l'angle en B de ce triangle ne dépend pas de la position de P, car il est égal à deux fois l'angle en B du triangle ABC. La base d'un triangle isocèle dont l'angle situé entre les côtés égaux est donné, est minimale lorsque la longueur des côtés est la plus petite possible. Pour que la longueur $P_1 P_2$ soit minimale, il faut ainsi que PB soit minimal : comme le plus court chemin d'un point à une droite est le segment perpendiculaire mené de ce point à celle-ci, P est le pied de la perpendiculaire menée de B sur AC.

Nous avons ainsi prouvé que le problème de Schwarz a une solution : le triangle PQR (*voir la figure B*), où P est le pied de la hauteur menée de B sur AC (*voir la figure D*), et où Q et R sont les intersections de la droite $P_1 P_2$ avec les côtés AB et BC respectivement. Le triangle des hauteurs est bien une solution du problème de Schwarz. Nous avions montré auparavant qu'un triangle inscrit différent de celui des hauteurs n'avait pas un périmètre minimal. A présent, nous pouvons affirmer que *le triangle des hauteurs est la seule solution du problème de Schwarz*.

Notons qu'il existe d'autres chemins fermés pour la lumière (*voir la figure page suivante en haut de la marge*), mais parmi tous les parcours qui respectent la loi de réflexion, seul le triangle de Schwarz est composé de trois segments de droite.

Nous avons vu qu'il est essentiel de démontrer qu'un problème de mathématiques comporte réellement une solution. Mais peut-être serait-on tenté de croire que tout problème raisonnable en comporte effectivement une. Voici un exemple instructif.

Le mathématicien japonais Kakeya proposa, en 1917, le problème suivant :

Trouver la figure d'aire minimale à l'intérieur de laquelle, d'un mouvement continu, on puisse faire tourner de 360 degrés un segment de longueur unité.

(Imaginez une aiguille très fine tournant en glissant à l'intérieur d'une boîte plate.)

Les mathématiciens croyaient en général que le problème de Kakeya avait une solution. On songea pendant quelque temps à une hypocycloïde d'aire égale à $\pi/8$ (voir la figure en haut de la page suivante), et pourtant, Besicovitch publia en 1927 un résultat étonnant :

Il existe des figures d'aire arbitrairement petite dans lesquelles on peut faire tourner de 360 degrés un segment de longueur unité de façon continue et sans jamais sortir de la figure.

Le problème de Kakeya n'a donc pas de solution, ce qui est une surprise pour quiconque n'a pas étudié cette question auparavant.

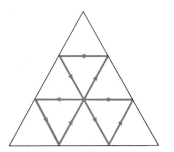

Un parcours lumineux fermé n'est pas toujours minimal.

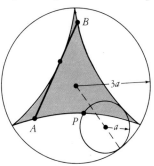

L'hypocycloïde et l'aiguille.

Considérons un autre exemple de problème de minimum résolu grâce à des raisonnements de géométrie élémentaire combinés à un principe de minimum, inventé par Jakob Steiner, professeur à l'Université de Berlin.

On souhaite relier trois villes A, B et C par un réseau routier de longueur totale minimale, dans une région plane et sans obstacle. Le problème s'énonce mathématiquement comme suit : dans un plan passant par trois points A, B, C, trouver un point P tel que la somme des trajets de P vers A, B et C soit minimale. La ligne droite étant le chemin le plus court entre deux points, nous admettrons que ces trajets sont des segments de droite.

La nature de la solution dépend de la disposition des trois points. Si aucun des angles du triangle ABC n'est supérieur ou égal à 120 degrés, P est le point situé à l'intérieur du triangle et tel que les trois angles APC, CPB et BPA soient égaux à 120 degrés. Si un des triangles (par exemple celui en C) est supérieur à 120 degrés, P est confondu avec C. Ici encore, un peu de géométrie élémentaire, agrémenté de la loi de réflexion de Héron, permettra d'identifier un candidat unique pour la solution.

Jacob Steiner (1796-1863).

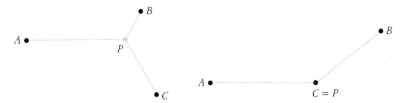

Un parcours de longueur minimale reliant trois points.

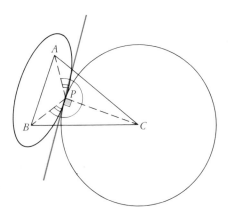

Solution du problème de Steiner.

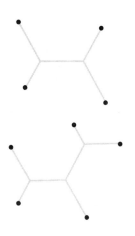

Le problème de Steiner généralisé.

Supposons que le point P ne coïncide avec aucun des points A, B et C, et choisissons un cercle centré en C et une ellipse de foyers A et B, de façon que ces deux courbes se rencontrent en P (*voir la figure*). Le cercle et l'ellipse sont tangents en P, sinon un point quelconque, Q, situé à la fois sur le cercle et à l'intérieur de l'ellipse, vérifierait : $QC = PC$ et $QA + QB < PA + PB$, donc $QA + QB + QC < PA + PB + PC$: le point P ne serait pas « minimal », contrairement à l'hypothèse. Le cercle et l'ellipse ont donc une tangente commune en P, qui est leur seul point commun. D'après les lois de réflexion sur l'ellipse des rayons issus des foyers (*voir pages 46-47*), les angles BPC et APC sont égaux. Une construction analogue (cercle centré en B, ellipse de foyers A et C) nous montre que BPC et BPA sont égaux. Les trois angles autour de P sont donc égaux entre eux et valent 120 degrés. Nous avons trouvé un point candidat à l'intérieur du triangle ABC ; il reste à montrer l'existence d'une solution, comme nous l'avons fait pour résoudre le problème de Schwarz.

Il est important de noter que, si P ne coïncide pas avec un sommet du triangle, les trois angles de sommet P doivent être égaux à 120 degrés. Quand nous étudierons les films et les bulles de savon, ou des fissures dans certains matériaux, nous rencontrerons souvent cet angle de 120 degrés. Nous verrons aussi que certains films de savon sont des solutions « physiques » du problème de Steiner.

Dans une formulation plus générale de ce problème, on cherche à relier plusieurs points du plan par un système de segments de droite, de telle façon que leur longueur totale soit minimale. Ce problème revient, en termes concrets, à construire le réseau routier le plus économique reliant trois villes ou plus.

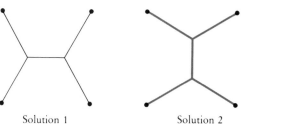

Solution 1   Solution 2   Les deux solutions

Deux solutions différentes du problème de Steiner généralisé à quatre points.

Une solution du *problème de Steiner généralisé* combine les deux solutions indiquées ci-dessus. L'illustration, au bas de la page précédente, montre quelques-unes des configurations possibles. Notons que le problème général de Steiner n'a pas toujours une solution unique : l'illustration montre deux réseaux différents reliant les quatre sommets d'un carré.

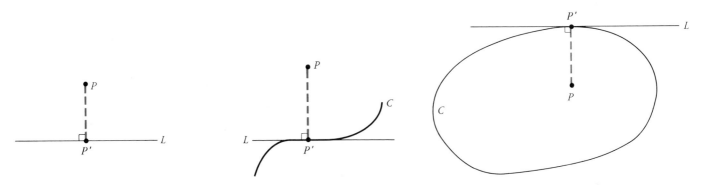

Le chemin le plus court d'un point à une droite, une courbe régulière et une courbe fermée convexe.

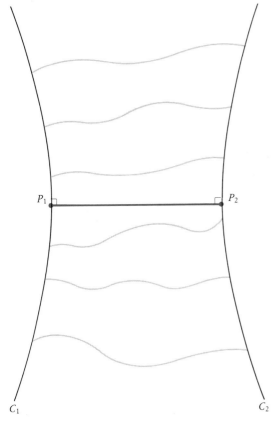

Le chemin le plus court entre deux courbes C_1
et C_2 coupe l'une et l'autre à angle droit.

On peut aussi rechercher le chemin le plus court menant d'un point à une courbe, ou reliant deux courbes entre elles. D'après le théorème de Pythagore, le chemin le plus court menant d'un point P à une droite L s'obtient en abaissant de P la perpendiculaire à L, coupant L à angle droit en un point P'.

On en déduit que le chemin le plus court menant d'un point P à une courbe convexe fermée (P étant supposé situé à l'intérieur de C) coupe celle-ci à angle droit en ce point P'. Soit L la tangente à la courbe au point P'. Si PP' n'était pas perpendiculaire à L, la perpendiculaire menée de P à L rencontrerait la courbe C en un point Q différent de P', et rencontrerait L en un point R ; le triangle PRP' étant rectangle en R, la distance PP' serait supérieure strictement à la distance PR, et donc aussi à PQ : le chemin PQ serait donc plus court que PP', ce qui est absurde.

On peut démontrer plus généralement, à l'aide du calcul infinitésimal, que le chemin le plus court entre un point donné et une courbe régulière quelconque, coupe celle-ci à angle droit.

De même, le chemin le plus court entre deux courbes C_1 et C_2 coupe chacune d'elles à angle droit. Dans le prologue, nous avons observé que des films de savon, libres de se déplacer au contact d'autres surfaces, se raccordent à celles-ci selon un angle droit. Dans certains matériaux les fissures se recoupent également à angle droit.

Nous allons voir que la notion de perpendicularité joue un rôle important dans un problème, vieux de trois siècles, que nous avons mentionné au début de ce chapitre. Il s'agit de trouver le plus court chemin entre deux points sur une surface courbe. Ce problème demeure l'un des plus fondamentaux de la géométrie.

Les Grecs savaient que, dans un plan, la ligne droite est le plus court chemin entre deux points, et que dans un milieu homogène la lumière suit (au moins localement) le plus court chemin.

Mais sur une surface courbe, il n'y a généralement pas de ligne droite. Même sur des surfaces simples comme la sphère, le cylindre ou le cône, le chemin le plus court n'est pas toujours évident ; sur des surfaces plus complexes, la recherche peut être très ardue.

Considérons d'abord trois surfaces de révolution : le cylindre, le cône et la sphère.

Le cylindre contient des lignes droites : ses méridiens sont certainement des lignes de plus courte distance. Une courbe plane C située d'un même côté par rapport à un axe A engendre, en tournant autour de A, une surface dite de révolution. On appelle *méridiens* les courbes images de C au cours des étapes successives de cette rotation. Ce sont les courbes génératrices de la surface. Un demi-cercle donne ainsi une sphère, et une droite parallèle à l'axe engendre un cylindre, tandis qu'une demi-ellipse produit un ellipsoïde.

Quels sont les chemins les plus courts entre deux points sur ces surfaces?

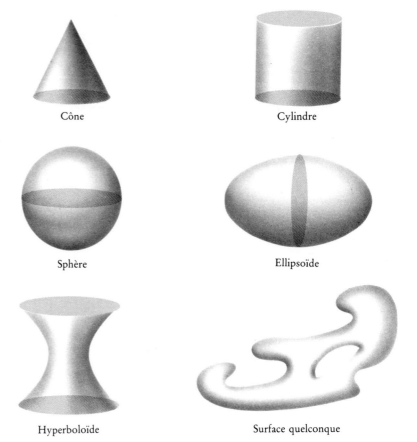

Cône

Cylindre

Sphère

Ellipsoïde

Hyperboloïde

Surface quelconque

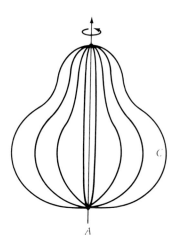

Un méridien engendrant une surface de révolution.

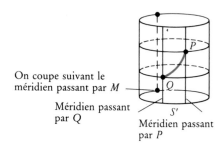

On coupe suivant le méridien passant par M

Méridien passant par Q

S'

Méridien passant par P

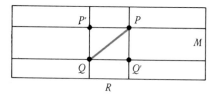

Le chemin le plus court entre deux points, sur un cylindre.

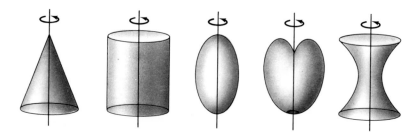

Diverses surfaces de révolution.

Sur un cylindre S, le plus court chemin entre deux points, situés sur le même méridien, est une droite. Pour joindre deux points P et Q situés sur des méridiens différents, il suffit de « dérouler » le cylindre sur un plan, comme peut le suggérer le travail du peintre avec son rouleau. On coupe la surface S par deux plans perpendiculaires à l'axe de révolution, et on obtient ainsi une surface S' ; on coupe S' le long d'un méridien M suffisamment éloigné de P et Q ; il ne reste plus qu'à dérouler S' pour obtenir le rectangle R sans distorsion. On appelle *cartographie isométrique* ce procédé qui offre l'avantage de préserver les longueurs de toutes les courbes situées sur S'. Un plus court chemin sur S' correspond ainsi à un plus court chemin sur R. Nous savons que les plus courts chemins sur R sont des droites. Si nous enroulons R pour retrouver S, ces droites se transforment en hélices (ou en cercles et droites, cas particuliers d'hélice aplatie selon un plan ou un axe). Le chemin le plus court entre P et Q sur le cylindre S est donc un fragment d'hélice, figure qu'on rencontre souvent dans la nature.

Le cas du cône est analogue : si on le coupe le long d'un méridien, on peut le dérouler sur un plan sans distorsion ; il suffit de considérer ensuite la droite qui rejoint les points considérés dans la surface étalée.

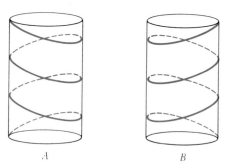

Hélices : A senestrorsum ; B dextrorsum.

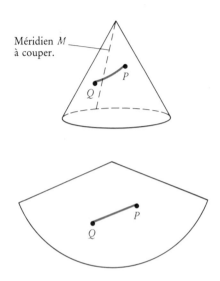

Méridien M
à couper.

Plus court chemin sur un cône.

Carl Friedrich Gauss (1777-1855).

Cette opération est irréalisable pour la plupart des surfaces, même la sphère : vous n'arriverez pas, même partiellement, à appliquer une balle sur un plan sans étirer le caoutchouc.

On prouve mathématiquement qu'aucune portion de surface sphérique ne peut être représentée sur un plan sans distorsion. La démonstration fait appel à un concept introduit par Gauss pour mesurer à quel point une surface est incurvée : c'est la *courbure gaussienne* d'une surface, que l'on évalue en chacun de ses points. (Nous donnerons une définition de la courbure au chapitre 5.) Le théorème de Gauss établit que l'on peut calculer la courbure si l'on sait mesurer les distances le long des chemins contenus dans la surface : en termes plus abstraits, on dit que la métrique intrinsèque détermine la courbure gaussienne d'une surface à partir des mesures des longueurs des chemins situés sur celle-ci. Pour vérifier qu'une sphère ne peut pas être appliquée sans distorsion sur un plan, on calcule la courbure gaussienne de la sphère de rayon R. Celle-ci est égale à $1/R^2$ en chaque point de la surface, alors que la courbure d'un plan est nulle. Pour conserver les longueurs sur une carte plane, il faut que la courbure soit invariante, ce qui entraîne ici l'égalité absurde $1/R^2 = 0$.

Gauss a qualifié ce résultat majeur de *theorema egregium* (c'est-à-dire théorème remarquable), car il occupe une place centrale dans ses *Disquisitiones circa superfices curvas*, publiées en 1827 ; ce théorème explique pourquoi il est impossible de dresser des cartes parfaites de notre planète : aucune carte ne peut restituer les distances réelles sur le globe. Tout système de cartographie a donc des inconvénients et il s'agit de choisir entre les types d'erreurs inhérents à chaque méthode. La projection de Mercator ne préserve pas les distances, mais elle conserve les angles entre les courbes et permet d'établir une *carte conforme*.

Même si l'on ne peut pas dérouler une sphère, on sait que les plus courts chemins sont des portions de grand cercle. Le méridien d'une surface de révolution détermine en effet le plus court chemin entre deux de ses points ; étant donné deux points A et B sur la sphère, le grand cercle passant par A et B est un méridien relativement à l'axe de révolution passant par le centre dans le plan défini par le centre et les points A et B.

Euler fit le premier, en 1728, une étude sur le plus court chemin entre deux points sur une surface quelconque, étude publiée seulement en 1732 (*) sous le titre *De Linea brevissima in superficie quacunque duo quaelibet puncta jungente*, dans les *Commentaires de l'Académie Impériale de Saint-Pétersbourg*. Euler montra que l'on pouvait facilement résoudre ce problème lorsque la surface est con-

_____

(*) Les historiens ont cru pendant un certain temps que la date était incorrecte et que Euler ne pouvait pas avoir fait publier ce texte avant 1729. De récentes recherches incitent à penser que cette étude daterait de la fin de 1728.

Un fil tendu entre deux points, sur une surface
convexe et sur une surface concave.

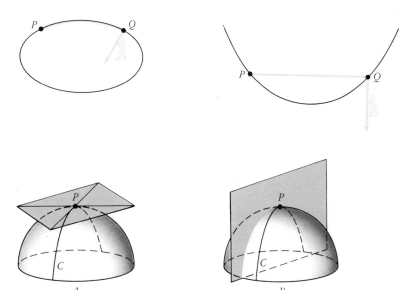

A. Le plan tangent en *P*.
B. Le plan osculateur en *P* à la courbe géodésique *C*.

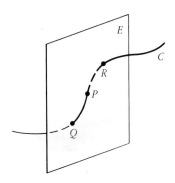

Trois points *P*,*Q*,*R*, pris sur une courbe, déterminent un plan *E* qui «approche» le plan osculateur en *P*.

vexe, en fixant à l'un des deux points un fil que l'on tend en direction
de l'autre (*voir la figure en haut de la page*). Le fil donne alors le chemin
le plus court.

Comme cette méthode ne convient pas dans le cas d'une
surface concave (*voir la figure de droite*), Euler réduisit le problème à
la résolution d'une équation différentielle. Cette équation traduisait
une propriété géométrique établie (mais non publiée) par Jean Bernoulli en 1698, dont voici l'énoncé : *En tout point P d'un plus court
chemin C, le plan osculateur à C et le plan tangent en P à la surface
se coupent à angle droit.*

Qu'est-ce qu'un plan osculateur? Soit, sur la courbe *C*, deux
points *Q* et *R*, voisins de *P*. Ces trois points définissent en général un
plan. Lorsque *Q* et *R* se rapprochent indéfiniment de *P*, ce plan tend
vers une position limite qu'on appelle *plan osculateur à C au point P.*

On appela plus tard *courbe géodésique* — ou *géodésique* —
d'une surface *S*, toute courbe de *S* dont le plan osculateur et le plan
tangent sont orthogonaux en tout point. Le théorème de Bernoulli
s'énonce donc sous la forme : *les courbes de plus court chemin sont des
portions de géodésiques.*

S'il est clair qu'une portion «suffisamment petite» de géodésique constitue le plus court chemin entre ses extrémités, il n'en est pas
de même pour de «grandes portions». Sur une sphère, par exemple,
les géodésiques sont les portions des grands cercles ; il existe un grand
cercle et un seul qui passe par deux points non diamétralement
opposés ; ceux-ci définissent sur ce grand cercle deux arcs de longueurs différentes : le plus long est une géodésique mais pas un plus

Deux points sur une surface peuvent parfois être reliés par plusieurs géodésiques.

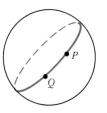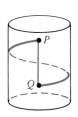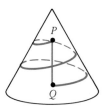

court chemin (*voir la figure ci-dessus, à gauche*). Les autres figures montrent deux points P et Q sur un cylindre et sur un cône ; les deux paires sont reliées par deux géodésiques de longueurs inégales : une des deux seulement est un plus court chemin.

Les surfaces complètes comme la sphère, l'ellipsoïde et le cylindre sont des surfaces sur lesquelles on peut se déplacer indéfiniment, à vitesse constante, le long d'une géodésique quelconque, sans jamais la quitter. Selon les cas, on repassera au point de départ (sphère), ou on n'y reviendra jamais (hélice sur un cylindre). Si Euler trouva une condition nécessaire pour qu'une courbe donnée soit une géodésique, c'est David Hilbert qui démontra beaucoup plus tard (en 1900) l'existence d'un plus court chemin entre deux points quelconques d'une surface complète.

L'étude des géodésiques connut à ses débuts quelques péripéties. En août 1697, Jean Bernoulli posa publiquement le problème du plus court chemin entre deux points donnés sur une surface convexe, pour défier son frère Jacques. La polémique entre les deux frères prit un ton si déplaisant que les journaux scientifiques refusèrent d'en rendre compte.

Rappelons l'origine de cette dispute. Entre 1666 et 1680, Newton et Leibniz ont découvert, indépendamment semble-t-il, le calcul infinitésimal. La méthode de Newton ne fut publiée qu'en 1711, alors que Leibniz commença dès 1684 à divulguer ses idées dans des textes courts et difficiles, les *Acta Eruditorum* de Leipzig. Le premier à les comprendre fut Jacques Bernoulli qui était professeur à Bâle en 1687. Jacques avait enseigné à son jeune frère certains résultats du calcul infinitésimal, qu'il avait redécouverts indépendamment de Leibniz. En 1690, Newton, Leibniz et les deux frères Bernoulli étaient donc les seuls capables de pratiquer le calcul différentiel et intégral. La rivalité entre les deux frères semble dater de cette époque. Jacques releva le défi de son frère et résolut en 1698 le problème du plus court chemin entre deux points situés sur une surface de révolution quelconque, conformément aux restrictions de l'énoncé proposé par Jean. Celui-ci approuva les résultats, mais reprocha à son frère de s'être limité à un cas trop particulier, déclarant dans son article que, lui, avait résolu le problème pour une surface quelconque. Sa prétention était-elle justifiée ? Une lettre qu'il écrivit à Leibniz en août 1698, où il établit la « loi du plan osculateur », semble en tout cas le confirmer. Leibniz lui

David Hilbert (1862-1943) fut un des plus grands mathématiciens de son époque.

répondit en le félicitant de son travail. Trente ans plus tard, Jean posa à nouveau le problème du plus court chemin, cette fois à son élève Euler. Malgré l'article que publia Euler en 1728, Jean Bernoulli maintint ses prétentions et déclara en 1742 avoir donné la solution dans une lettre de 1728 à son collègue Klingenstierna.

Personne ne s'étonnera des nombreux doutes que suscitèrent ces affirmations, eu égard à la personnalité vaniteuse et dépourvue de générosité de Jean Bernoulli. Il semble pourtant qu'il était de bonne foi dans cette affaire. Son honnêteté avait également été mise en doute lors de la publication du traité de calcul infinitésimal du marquis de l'Hospital, le meilleur mathématicien français de l'époque, qu'il avait connu au cours d'un voyage à l'étranger, en 1691-1692. En échange d'une pension importante, Jean s'était engagé à communiquer au marquis toutes ses découvertes les plus récentes dans le domaine du calcul infinitésimal et de n'en rien dire du vivant de son correspondant. L'Hospital s'appropria ses travaux qu'il publia en 1696 dans son premier traité de calcul différentiel. Le geste déplut à Jean Bernoulli, qui attendit cependant la mort du marquis pour revendiquer la paternité d'une partie du livre (*), sans mentionner les dessous financiers de l'affaire. Mal lui en prit, car sa réputation en souffrit et l'opinion devint méfiante. On retrouva en 1921 son manuscrit qui permit d'établir la preuve de ses allégations, en tenant compte de sa correspondance avec l'Hospital.

En juin 1696, Jean Bernoulli exposa un autre problème, plus important encore que celui du plus court chemin, le «problème de la descente la plus rapide» ou «problème brachystochrone» :

Trouver la ligne joignant deux points A et B dans un plan vertical, sur laquelle un point M, soumis à la gravitation, descende de A en B dans le temps le plus court.

Imaginons une bille pesante, descendant de A en B en suivant un rail-guide. Quelle doit être la forme de ce guide ? Certainement pas une droite. Galilée avait prétendu à tort en 1638 que c'était un arc de cercle. La solution est une *cycloïde*, courbe engendrée par un point d'un cercle qui roule sans glisser sur une droite (*voir le chapitre 2*).

En 1649, Blaise Pascal, pour se distraire d'une rage de dents, se mit à étudier cette courbe. La douleur disparut et Pascal en conclut

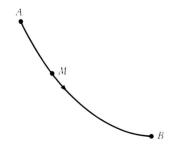

Le problème de la descente la plus rapide.

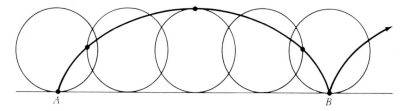

Une cycloïde.

(*) Il s'agissait de la célèbre règle de l'Hospital, permettant de lever l'indétermination dans certaines expressions de la forme 0/0.

que Dieu ne désapprouvait pas sa recherche. Ces résultats encouragè-rent d'autres savants à s'intéresser à la question. On doit au Hollan-dais Christian Huygens la découverte de la propriété la plus remar-quable de la cycloïde.

Huygens était surtout célèbre pour son invention de l'horloge à pendule, dont il prit le brevet en Hollande en 1657. Il n'était pas satisfait car la durée du battement de son horloge dépendait de l'amplitude du mouvement du pendule : le pendule circulaire non isochrone rendait irrégulière la marche des horloges. Il fallait trouver un *pendule parfait*, dont l'extrémité décrive une courbe *isochrone* ou *tautochrone*. Sur une telle courbe, un point pesant, non soumis au frottement, va d'un point origine A au point L le plus bas en un temps indépendant de la différence de niveau entre A et L.

Huygens découvrit que cette courbe isochrone était une cy-cloïde. Son traité *Horologium Oscillatorium* (1673) décrit une horloge dont le pendule suit une cycloïde (*voir la figure en bas à gauche*). Un pendule flexible oscille entre deux joues en forme de cycloïde. Le

Christian Huygens (1629-1695).

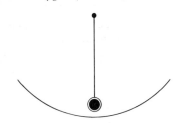

Pendule circulaire.

L'orbite décrite par l'extrémité du pendule.

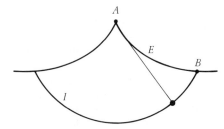

Le pendule parfait : la développée d'une cy-cloïde est une cycloïde.

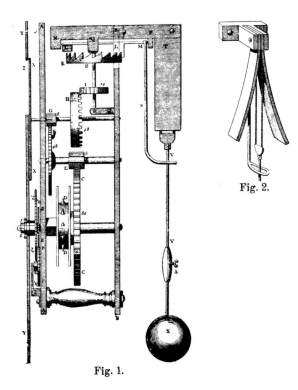

Fig. 1.

Fig. 2.

L'horloge à pendule de Huygens. Le pendule souple se balance entre deux joues en forme de cycloïde (*figure de droite*).

système de Huygens repose sur l'idée que la *développée* d'une cycloïde est aussi une cycloïde. Voici ce que cette expression signifie : soit un fil, flexible et non extensible, tendu le long d'un arc de cycloïde *E*, de *A* en *B* (*voir la figure en bas à droite de la page précédente*). Éloignons progressivement le fil du support *E* en le maintenant tendu de façon que la portion dégagée de *E* soit tangente à la courbe *E*. L'extrémité *B* décrit ainsi une courbe *I* que l'on nomme la *développée* de *E* (*E* étant la *développante* de *I*). La développée et la développante d'une cycloïde sont elles aussi des cycloïdes.

La cycloïde était donc bien connue en 1697, et l'on imagine l'étonnement des mathématiciens lorsqu'on leur annonça qu'elle était également la courbe *brachystochrone*, enjeu du défi entre les deux frères Bernoulli.

Jean renouvela son défi en décembre 1696 et exigea une solution avant Pâques 1697, en indiquant que Leibniz en avait déjà trouvé une. Cinq mathématiciens respectèrent le délai : les deux frères Bernoulli, Newton, Leibniz et l'Hospital. Examinons comment Jean Bernoulli résolut le problème de la descente la plus rapide d'une masse ponctuelle.

Il eut l'idée de transposer le problème de mécanique dans le domaine de l'optique. Il observa que le mouvement de chute d'un corps exprimé par la loi de Galilée équivaut à celui d'une particule lumineuse dans un gaz dont la densité varie avec l'altitude. Jean Bernoulli utilisa alors une formule établie par Pierre de Fermat, juge à Toulouse, un des grands mathématiciens de l'époque, qui avait découvert que la *loi de réfraction de la lumière* découlait de l'hypothèse selon laquelle *la lumière se déplace toujours de la façon la plus rapide pour aller d'un point à un autre.* (Cette hypothèse porte aujourd'hui le nom de *Principe de Fermat*(*).) La loi de réfraction (attribuée alors à Descartes, découverte en réalité par le Hollandais Willebrord Snell (1591-1626) exprime que les angles de réfraction d'un rayon lumineux à travers la surface séparant deux milieux homogènes sont inversement proportionnels au rapport des densités des milieux, ce qu'on écrit : $\sin \alpha_1 / \sin \alpha_2 = n_2 / n_1$ (*voir la figure*). La vitesse d'une particule de lumière est inversement proportionnelle à la densité optique du milieu de propagation.

Jean Bernoulli décomposa l'atmosphère en couches très minces de densité constante et appliqua la loi de réfraction en faisant tendre vers zéro l'épaisseur des couches. Il obtenait ainsi l'équation différentielle de la courbe de descente la plus rapide : la solution est une famille de cycloïdes.

Jean Bernoulli avait ainsi réussi à rapprocher la mécanique de l'optique, un siècle avant que le mathématicien irlandais William R. Hamilton (1805-1865) ne développe ses principes de variation qui devaient conduire à unifier dans la science moderne la géométrie et la physique.

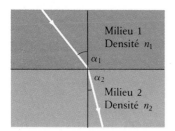

La loi de réfraction.

Pierre de Fermat (1601-1665).

(*) La preuve donnée par Héron de la loi de réflexion est une autre application du principe de Fermat.

DE
BEGHINSELEN
DER WEEGHCONST
BESCHREVEN DVER
SIMON STEVIN
van Brugghe.

WONDER EN IS GHEEN WONDER

TOT LEYDEN,
Inde Druckerye van Christoffel Plantijn,
By Françoys van Raphelinghen.
cIɔ. Iɔ. LXXXVI.

4

Un miracle qui n'en est pas un

Précisément du fait que la forme du monde est la plus parfaite qui soit, et conçue par le créateur le plus sage, rien ne se passe dans ce monde qui ne démontre l'application d'une règle de maximum ou de minimum.

Leonhard Euler

On peut lire dans le frontispice ci-contre l'inscription suivante : WONDER EN IS GHEEN WONDER, que l'on peut traduire : «Un miracle qui n'en est pas un». Il figure sur la couverture d'un ouvrage de l'ingénieur hollandais Simon Stevin (1548-1620). Cette inscription se rapporte à la résolution par Stevin d'un vieux problème de mécanique.

Stevin voulait calculer la tension nécessaire pour maintenir en état d'équilibre un poids placé sur un plan incliné *(voir la figure ci-dessous)*. Aucune force n'est nécessaire lorsque le plan est horizontal, puisque le plan supporte complètement la charge. Si le plan est vertical, la force nécessaire est maximale. Dans le cas général, la force nécessaire dépend de l'angle d'inclinaison, mais selon quelle formule?

 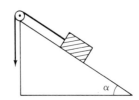

Effort exercé sur un plan horizontal, sur un mur et sur un plan incliné.

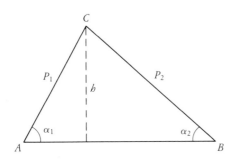

Vue en coupe d'un prisme.

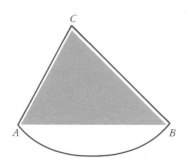

Prisme entouré d'une chaîne.

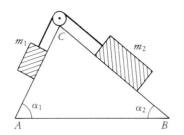

Prisme supportant deux charges.

Stevin la découvrit en considérant le problème plus général d'un prisme à base horizontale, de hauteur h et de section ABC *(voir la figure du haut)*. Les faces du prisme P_1 et P_2 font respectivement des angles α_1 et α_2, avec l'horizontale. Pour que deux masses m_1 et m_2 s'équilibrent l'une l'autre sur ces faces, il faut et il suffit que :

$$m_1/m_2 = \sin \alpha_2/\sin \alpha_1.$$

Cette formule traduit la loi du plan incliné ; sa démonstration est illustrée dans le frontispice de Stevin.

Voici son raisonnement : soit une chaîne de densité et d'épaisseur uniforme entourant le prisme. Cette chaîne est en équilibre, ou bien elle est en mouvement. En l'absence d'action extérieure, un tel mouvement serait permanent, ce dont Stevin admettait l'impossibilité ; la chaîne est donc en équilibre. La partie basse, au-dessous de AB, est elle-même en équilibre puisqu'elle pend librement, sans support. Les parties supérieures AC et BC s'équilibrent donc l'une l'autre. Leurs masses, m_1 et m_2, sont proportionnelles aux longueurs AC et BC respectivement ; on a donc :

$$m_1/m_2 = AC/BC$$

Dans le triangle ABC, on a d'autre part les relations géométriques suivantes :

$$h = AC \sin \alpha_1 \text{ et } h = BC \sin \alpha_2$$

En rapprochant ces diverses relations on trouve :

$$m_1/m_2 = \sin \alpha_2/\sin \alpha_1$$

L'équilibre sera conservé si on remplace les morceaux de chaîne AC et BC par des masses m_1 et m_2.

Ce raisonnement remarquable de Stevin ramène un problème difficile à une constatation élémentaire et se situe tout à fait dans la tradition d'Archimède. En fait, Stevin était, depuis l'Antiquité, le premier à avoir lu et compris les ouvrages d'Archimède sur la statique et l'hydraulique ; son œuvre consista principalement à réactualiser les idées du savant grec.

Parmi les ouvrages de mécanique d'Archimède, deux seulement sont parvenus jusqu'à nous. Ce sont : *Des corps flottants* et *De l'équilibre des plans, ou centre de gravité des figures planes*, publiés en 1543 par l'Italien Niccolo Tartaglia, peu avant la naissance de Stevin. Dans son livre *De l'équilibre des plans*, Archimède quittait le domaine des mathématiques pures pour celui des mathématiques appliquées. Il établissait une théorie de l'équilibre des configurations mécaniques, à partir de sept axiomes qu'il énonce au début de son ouvrage, appliquant à la mécanique la méthode qu'Euclide avait employée pour la géométrie. Il était ainsi le premier à établir une théorie mathématique pour une branche de la physique : cette méthode jouera un rôle moteur dans le développement ultérieur de la science.

Dans *De l'équilibre des figures planes*, Archimède étudiait le levier qui constituait, avec le coin, le plan incliné et la poulie, la panoplie rudimentaire des machines de l'Antiquité (ces machines ont cependant permis des réalisations aussi étonnantes que les pyramides d'Égypte, les temples grecs et les aqueducs romains). Il utilisait couramment le concept de barycentre, ou centre de gravité, sans en donner une définition explicite (*). Vers 340 de notre ère, Pappus d'Alexandrie donna une définition correcte pour les corps convexes, mais pas dans le cas général :

> Nous disons que le centre de gravité d'un corps est le point situé à l'intérieur du corps, tel que le corps reste en repos et garde sa position initiale si on le suspend en ce point.

Partant de là, des savants comme Galilée et Stevin entreprirent de bâtir une théorie de la statique, c'est-à-dire de l'équilibre des systèmes mécaniques complexes, et cela 1 800 ans après Archimède. Toutefois, on aurait tort de croire qu'il ne s'est rien passé en mécanique durant cet intervalle de temps considérable : les architectes romains avaient développé des principes nouveaux, comme l'arche et la voûte, qui exigeaient une connaissance approfondie des principes de la statique. L'arche et la voûte avaient été utilisées avant eux, mais ce sont les Romains qui les amenèrent à leur état de perfection.

Le Panthéon, construit il y a 1 900 ans, compte parmi ces splendides constructions de la Rome antique. Initialement dédié aux divinités des sept planètes, il devint ensuite l'église de Santa Maria Rotonda. La nef est un cylindre à base circulaire, coiffé d'une coupole autoportante, construite avec une sorte de mortier, dont le diamètre (42 mètres) n'a été dépassé qu'en 1890. Même le dôme de Saint-Pierre de Rome est plus petit que le Panthéon : leurs diamètres diffèrent d'environ un mètre.

On peut admirer les arches des aqueducs romains dans la plupart des pays soumis à la domination romaine. Ces aqueducs drainaient l'eau des montagnes vers les villes : Les Romains aimaient l'eau et l'employaient abondamment ; aujourd'hui encore, Rome est la ville du monde où l'eau est le plus généreusement distribuée et ses fontaines sont incomparables. Dans l'Antiquité, 14 aqueducs amenaient l'eau à la ville, dont certains étaient longs de 100 kilomètres. Le petit nombre de ceux qui sont encore en fonction suffit à satisfaire les besoins de la ville moderne.

La poulie. Manuscrit de Manesse (1330 environ, Université de Heidelberg).

---

* Faute d'informations, il nous faut supposer que cette définition était connue à l'époque. Peut-être provenait-elle d'un auteur plus ancien, ou d'un ouvrage d'Archimède perdu aujourd'hui.

Les constructions du Moyen Âge sont plus étonnantes encore que les édifices romains. L'invention de l'ogive, fondée sur le modèle de l'ellipse, introduisit un nouveau principe de construction et permit de bâtir les merveilleuses cathédrales gothiques.

Avec la Renaissance, les idées d'Archimède se répandirent en Italie. Galilée et plus particulièrement Evangelista Torricelli (1608-1647) reprirent l'étude du concept de barycentre. Ils établirent le principe qu'un système mécanique est en équilibre (stable) lorsque son barycentre est aussi bas que possible dans la configuration considérée.

Les frères Bernoulli recherchèrent la forme à l'équilibre d'une chaîne pesante fixée à ses extrémités. Ils considérèrent la chaîne comme un système mécanique fait d'un grand nombre d'éléments rigides et minuscules, les mailles. L'état d'équilibre du système devait ainsi correspondre à la position la plus basse de son centre de gravité. A l'équilibre, aucun maillon ne peut descendre sans en soulever un autre. Partant de là, Jean Bernoulli, mais aussi Huygens et Leibniz,

Le Panthéon à Rome.

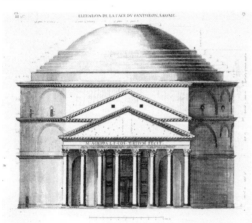

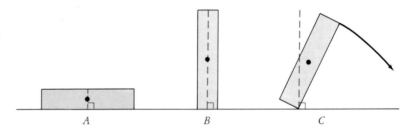

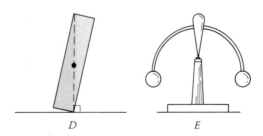

Équilibre d'un bloc rectangulaire : *A*) Position stable ; *B*) Position semi-stable (c'est-à-dire stable pour des déplacements suffisamment faibles) ; *C*) Instable, sans équilibre ; *D*) Équilibre instable ; *E*) Autre exemple d'équilibre stable.

* Jean Bernoulli énonça ce principe dans une lettre du 26 janvier 1717 au physicien Pierre Varignon (1654-1722) qui le publia pour la première fois dans son livre de 1725 *Nouvelle mécanique*, vol. 2, page 174.

La chaînette, position d'équilibre d'une chaîne suspendue par ses deux extrémités.

trouvèrent en 1690 l'expression mathématique de la forme que prend une chaîne qui pend librement. On appelle cette courbe une *chaînette* (en mathématiques un *cosinus hyperbolique*). Nous retrouverons la chaînette dans le chapitre consacré aux surfaces minimales.

En 1717, Jean Bernoulli fit avancer la théorie de l'équilibre des systèmes mécaniques en proposant le *principe du «travail virtuel»* (*) (qui était déjà utilisé dans d'autres situations) comme une loi fondamentale de la statique. Ce principe établit que :

à l'équilibre, aucun travail n'est nécessaire pour provoquer un déplacement infiniment petit d'un système mécanique donné.

Cette règle s'applique à toutes les configurations, stables ou instables. Imaginons un boulet qui peut rouler dans un paysage fait de creux et de bosses. Au sommet d'une bosse, le boulet est en équilibre instable : la moindre poussée l'éloignera définitivement de sa position d'équilibre. Si le boulet se trouve dans un creux, il tendra toujours à revenir à sa position de repos : il est en équilibre stable. Dans un col, il est en équilibre instable : selon la direction de la poussée, il peut s'éloigner irréversiblement ou entamer un mouvement oscillatoire (si la poussée est légère). Dans tous les cas, aucun travail n'est nécessaire (en première approximation) pour écarter légèrement le boulet de sa

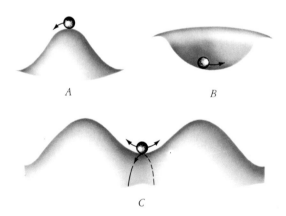

Diverses positions d'équilibre d'un boulet : *A*) Instable ; *B*) Stable ; *C*) Instable.

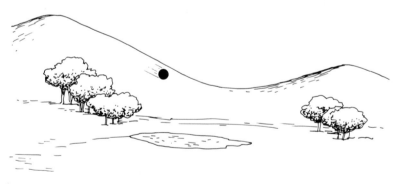

Un boulet sur un paysage en relief.

position d'équilibre, car, en ces points, la force gravitationnelle est perpendiculaire au plan tangent à la surface et donc exactement équilibrée par la réaction du sol.

Il n'est pas facile de formuler le principe du travail virtuel dans toute sa généralité sans recourir aux mathématiques, mais on peut donner un aperçu de l'idée centrale. Supposons qu'on puisse associer à chaque état d'un système physique un nombre qu'on appelle l'*énergie potentielle*, nous pourrons alors formuler le principe du travail virtuel, souvent appelé *principe de Dirichlet*, à l'aide des deux règles suivantes :

RÈGLE 1. Les états d'équilibre stable (états de repos) d'un système physique sont caractérisés par le fait que l'énergie potentielle du système est plus faible en ces états qu'en tout autre état voisin possible (ou virtuel).

Nous pouvons nous faire une idée schématique de ce principe en imaginant l'ensemble de tous les états possibles comme un plan horizontal : chaque point de ce plan désigne un état et nous pouvons représenter l'énergie potentielle comme la hauteur au-dessus de ce plan horizontal d'un paysage en relief. Les minima (les dépressions) correspondent ainsi à des équilibres stables, où les plans tangents au relief sont horizontaux.

Nous savons déjà que ces plans tangents sont également horizontaux aux maxima (sommets) ou aux « cols » du relief, qui correspondent à des états de repos instables. Appelons *états stationnaires de l'énergie potentielle* tous ceux pour lesquels le plan tangent est horizontal. La deuxième règle s'exprime alors sous la forme suivante :

RÈGLE 2. Les états d'équilibre d'un système physique sont les états stationnaires de son énergie potentielle.

Il est commode d'utiliser cette représentation géométrique pour étudier les équilibres d'un système physique. Le calcul infinitésimal permet de déterminer les plans horizontaux tangents aux reliefs multidimensionnels que nous rencontrons en physique. Il nous reste à appliquer les méthodes du calcul des variations pour localiser et définir les états d'équilibre. L'instabilité d'un état est un phénomène aussi important que sa stabilité ; malheureusement, dans la plupart des théories physiques, les équations de base permettent de déterminer les états d'équilibre, mais pas le type de stabilité, et ce dernier point pose généralement un problème ardu.

Autre question cruciale : *Quelle énergie potentielle assigner à chaque état d'un modèle physique?* C'est là qu'interviennent les faits physiques et les résultats d'expérience. Pour mieux saisir intuitivement le concept d'énergie potentielle, considérons quelques modèles simples.

Un skieur qui gagne de l'altitude augmente son énergie potentielle. Sur un sommet, il est en équilibre instable, c'est-à-dire qu'au moindre mouvement il file vers le bas. Dans sa course, son énergie potentielle se transforme d'abord en énergie cinétique, puis, au freinage, en énergie calorifique (chaleur). Une fois dans la vallée, il se trouve à une position stable d'énergie potentielle minimale. Mais si

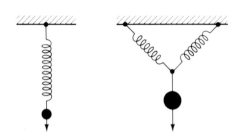

Systèmes de ressorts équilibrant des poids.

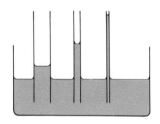

Tubes capillaires de tailles différentes.

Feuille de caoutchouc soutenant une pierre ou supportant de l'eau.

dans son ascension il s'arrête sur un col, il se trouve dans une position d'équilibre instable intermédiaire : son énergie potentielle n'est ni maximale ni minimale.

L'horloge fournit un autre exemple. Son ressort peut emmagasiner une certaine quantité d'énergie. Lorsqu'on remonte l'horloge, l'énergie cinétique se transforme en énergie potentielle, contenue dans le ressort tendu qui la libère progressivement à chaque battement. Une fois détendu, le ressort est dans un état d'équilibre stable et l'horloge s'arrête.

De façon analogue, si l'on comprime un objet en caoutchouc tel qu'une balle ou un anneau, on lui confère une énergie potentielle qu'il libérera aussitôt que cessera la force contraignante qu'exerce la main. Lorsqu'on le lâche, l'objet cherche à libérer le plus d'énergie potentielle possible, jusqu'à atteindre un minimum et retrouver les conditions initiales.

Si, après avoir coupé un anneau de caoutchouc, on le tord et on le recolle, il se trouve soumis à des tensions internes dont il cherchera à se libérer une fois livré à lui-même. La position d'équilibre sera alors différente de la position initiale.

Dans d'autres situations, telle celle d'une masse suspendue à un ensemble de ressorts, les forces élastiques des ressorts s'opposent à la force de gravitation exercée par la masse. Ici encore, l'équilibre est atteint lorsque l'énergie potentielle est minimale.

On peut remplacer les ressorts par un morceau de caoutchouc tendu sur un cadre, et poser sur le tissu un objet pesant, une pierre ou plutôt un liquide. Il n'est guère facile de prédire la forme exacte de la configuration d'équilibre, alors que l'expérimentation permet facilement de la déterminer. On peut compliquer encore la situation en ajoutant des forces électriques ou magnétiques, mais il faut alors beaucoup d'ingéniosité et d'expérience pour trouver l'expression correcte de l'énergie potentielle. La mécanique élastique est une branche particulièrement importante et difficile des mathématiques appliquées ; malgré les grands progrès accomplis par mathématiciens et physiciens au cours des XVIIIe et XIXe siècles, ce domaine est loin d'avoir été totalement exploré.

L'expérience de la feuille de caoutchouc sur laquelle on verse un liquide est liée au phénomène de capillarité.

En 1490, Léonard de Vinci observa la montée et la descente des liquides dans des tubes très fins, appelés tubes capillaires. La théorie des tensions superficielles porte ainsi le nom de *théorie de la capillarité*. Pourquoi des gouttes d'eau, à condition de n'être pas trop grosses, restent-elles suspendues à une surface ? On imagine commu-

Gouttes posées sur un support et gouttes en
suspension.

nément qu'une membrane élastique recouvre la surface du liquide et
équilibre le poids de la gouttelette selon un schéma analogue à celui de
la feuille de caoutchouc recouverte d'un liquide. C'est une bonne
explication, car elle est simple et justifiée par beaucoup d'expériences.
Vous avez, par exemple, certainement vu des insectes, les gyrins,
courir sur la surface d'un étang, marchant sur la « peau » de l'eau.

Voici ce qu'en disait le poète anglais Hilaire Belloc :

> Le gyrin par ceci enseigne
> Une leçon qui nous dépasse.
> Il glisse à la surface de l'eau
> Avec aisance, vitesse et grâce.
> Il nous ahurit, nous, les hommes
> Mais si jamais il s'arrêtait
> A réfléchir comment il fait
> Tout aussitôt il se noierait.

La tension superficielle de l'eau dépend fortement de la nature
des minéraux qui y sont dissous. En certains lieux, la tension superficielle de l'eau est assez grande pour soutenir une petite pièce de
monnaie. Une forte tension superficielle rend difficiles le lavage et les
lessives. Les détergents servent à la réduire dans les machines à laver.

C'est aussi la diminution de la tension superficielle, grâce au
savon ou à un autre détergent, qui permet de produire des films de
savon s'appuyant sur un réseau de fils ou de surfaces, ou bien formant
des bulles sans supports ni frontières. Sans le savon, un film d'eau

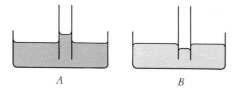

Surfaces capillaires : *A*) Eau ; *B*) Mercure. Mise en évidence des forces d'attraction ou de répulsion exercées par les parois d'un récipient sur un fluide.

liquide ne pourrait se maintenir et se briserait aussitôt à cause des tensions superficielles.

Il n'est pas facile d'expliquer de façon précise la tension superficielle par le jeu des forces moléculaires, car on néglige ainsi d'autres phénomènes, comme par exemple la couche de vapeur qui recouvre une surface liquide. Toutefois, on explique convenablement le comportement des films de savon en caractérisant les états d'équilibre stable par les minima d'énergie potentielle. Puisqu'une membrane liquide se comporte de bien des façons, comme un morceau de caoutchouc élastique, son énergie potentielle est d'autant plus grande que la membrane est tendue. En effet, l'énergie emmagasinée par une surface liquide dépend de son aire : la règle la plus simple consiste à considérer que l'énergie potentielle est proportionnelle à l'aire, de telle sorte qu'un film de savon est en équilibre stable si son aire est plus petite que toute surface satisfaisant aux mêmes restrictions.

S'il s'agit d'une goutte liquide, les choses sont plus compliquées, car l'énergie potentielle dépend non seulement de l'aire de la surface libre, mais aussi du potentiel gravitationnel de la goutte et du potentiel des forces superficielles. Ces forces peuvent être aussi bien attractives, comme entre le verre et l'eau, que répulsives comme entre le verre et le mercure. Dans un article de 1830, intitulé *Principia generalia theoriae fluidorum in statu equilibrii*, Gauss développe cette méthode en s'inspirant du concept de travail virtuel introduit par Jean Bernoulli. Cet article assurait des fondations solides à la théorie de la capillarité que P.S. Laplace avait proposée dans le Xe tome de son célèbre traité de 1806 sur la *Mécanique céleste*.

La méthode de Gauss est remarquable : elle permet de décrire les configurations d'équilibre des films de savon comme des surfaces qui, pour des frontières données, présentent une aire minimale parmi toutes les positions virtuelles (possibles), ou qui sont tout au moins des états stationnaires de l'aire. Nous voici ainsi arrivés à la théorie des surfaces minimales, dont le chapitre qui suit décrit certains des aspects principaux.

5

Les films de savon.
Un jeu d'enfants...
et de mathématiciens

*Le grand livre de la Nature est écrit
avec l'alphabet de la géométrie.*

Galileo Galilée

Un tableau de Chardin représente un garçon en train de souffler une bulle de savon à l'aide d'une paille plongée au préalable dans une solution savonneuse. Chacun de nous a pris plaisir à ce jeu très ancien. Sur un vase étrusque du musée du Louvre, on voit des enfants en train de s'y livrer. Le dispositif « moderne » comporte une poignée surmontée d'un fil métallique circulaire que l'on trempe dans une solution savonneuse : dans le cercle se forme un disque dans lequel il suffit de souffler pour qu'apparaisse une bulle.

Si l'on remplace le cadre circulaire par des contours géométriques plus compliqués, on obtient d'autres films de savon aux formes bizarres et instructives. Les interférences parent ces films de couleurs irisées. Après quelques instants, la pellicule peut s'amincir progressivement jusqu'à devenir invisible.

Le problème de Plateau.
Films de savon et surfaces minimales

Les films de savon sont en équilibre stable et nous déduisons du principe du travail virtuel de Jean Bernoulli (précédent chapitre) que ce sont des *films d'énergie potentielle minimale* s'appuyant sur le fil métallique.

La bulle de savon. Tableau de Chardin.

Joseph Antoine Ferdinand Plateau (1801-1883).

Comme l'énergie potentielle est proportionnelle à l'aire, les surfaces mathématiques concrétisées par les films de savon ont une aire minimale : les mathématiciens les nomment surfaces minimales. L'aire d'une *surface minimale* est plus petite que celle de toute autre *surface voisine* qui s'appuie sur le même contour. Les formes merveilleuses des films de savon et leurs modèles mathématiques illustrent de façon spectaculaire l'action d'un principe de minimum.

Les surfaces minimales passionnent depuis longtemps les mathématiciens. Lagrange, successeur d'Euler à la cour de Frédéric II, établit en 1760 la fameuse *équation des surfaces minimales* que nous retrouverons un peu plus loin. Le physicien belge J.A.F. Plateau réalisa un travail théorique et expérimental considérable sur le phénomène de capillarité ; ses expériences avec les films liquides stimulèrent l'intérêt des mathématiciens. Il publia en 1873 l'essentiel de ses observations, résultats et principes, dans son ouvrage majeur, intitulé *Statique expérimentale et théorétique des liquides soumis aux seules forces moléculaires*.

Plateau perdit la vue en 1843, pour avoir observé le Soleil pendant plus de 25 secondes au cours d'une expérience d'optique physiologique. Par la suite, il dut s'aider de sa famille et d'un assistant pour effectuer ses observations ; l'une d'entre elles notamment se révéla d'un très grand intérêt mathématique.

A la suite de nombreuses expériences, il s'aperçut en effet qu'un contour fermé simple de forme géométrique quelconque (mais pas trop grand) peut servir de support à au moins un film liquide. Pouvait-on démontrer que les modèles mathématiques de ces films, les surfaces minimales, vérifient également cette propriété ? Autrement dit, une courbe fermée dans l'espace peut-elle toujours servir de support à au moins une surface minimale ? Ce *problème mathématique* devenu le *problème de Plateau* défia de nombreux mathématiciens éminents du XIXᵉ et du XXᵉ siècle, et sa résolution se révéla fort difficile.

Malgré l'extrême difficulté du problème mathématique sous-jacent, les observations de Plateau montraient que le film de savon apportait une solution au problème physique correspondant. Richard Courant, un des principaux spécialistes des surfaces minimales durant ce siècle, remarquait cependant :

Une constatation empirique ne peut jamais établir une existence mathématique — et le physicien ne peut pas non plus rejeter comme inutilement rigoureuses les exigences du mathématicien pour prouver cette existence. La démonstration mathématique est seule capable de garantir que la description mathématique d'un phénomène physique a une signification valable.

Voici un exemple qui illustre ce propos. Christian Goldbach (1690-1764) avait remarqué que les nombres pairs plus grands que 4

Richard Courant (1888-1972) et son élève
Charles De Prima.

paraissaient être la somme de deux nombres premiers impairs (on
convient que 1 n'est pas un nombre premier, et 2 est évidemment le
seul nombre premier pair) :

$6 = 3 + 3$;	$16 = 3 + 13$;	$26 = 13 + 13$;
$8 = 5 + 3$;	$18 = 7 + 11$;	$28 = 5 + 23$;
$10 = 5 + 5$;	$20 = 7 + 13$;	$30 = 7 + 23$;
$12 = 7 + 5$;	$22 = 11 + 11$;	$32 = 3 + 29$;
$14 = 7 + 7$;	$24 = 5 + 19$;	$34 = 17 + 17$.

Dans une lettre à Euler datée de 1742, Goldbach l'invite à chercher si cette suite se poursuit indéfiniment. Euler n'y parvint pas, ni personne jusqu'à nos jours. Les ordinateurs les plus puissants ont confirmé l'intuition de Goldbach pour une très grande quantité de nombres pairs, mais évidemment pas pour tous, puisqu'il y en a une infinité : la vérification demanderait un temps infini.

Ceci montre bien que l'expérience physique ne donne que des présomptions et ne peut se substituer à une démonstration mathématique. Même après un très grand nombre de vérifications, rien ne prouve qu'une expérience supplémentaire ne donnera pas un résultat différent. Les faits empiriques ne peuvent donc jamais établir un fait mathématique. Le physicien lui-même a besoin d'une démonstration mathématique rigoureuse : c'est la seule façon pour lui de s'assurer que son modèle mathématique décrit correctement certains aspects d'une situation physique. Pour passer des films liquides à leur modèle mathématique, il nous faut parler de courbes et non plus de fils métalliques, de surfaces et non plus de films de savon. Courbes et surfaces sont en effet des entités abstraites analogues à celles des anciens Grecs.

Les définitions mathématiques des courbes et des surfaces datent de la fin du XVIIe siècle et du début du XVIIIe siècle. Les principaux artisans de ce développement, Leibniz, les Bernoulli et surtout Euler, bénéficièrent, contrairement aux Grecs, d'un puissant instrument mathématique créé par René Descartes au XVIIe siècle, la *géométrie analytique*, qui exprimait la géométrie à l'aide d'équations et de nombres. Par exemple, on caractérise une courbe plane à l'aide d'une seule équation où interviennent deux variables x et y qui sont les coordonnées d'un point de la courbe, relativement à un réseau de lignes verticales et horizontales. L'équation $x^2 + y^2 = a^2$ détermine ainsi un cercle de rayon a, dont le centre est l'origine des coordonnées. A l'aide du calcul infinitésimal, il ne fut pas très difficile de définir les notions de « longueur d'une courbe », d'« aire d'une surface », de « volume d'un corps », ni de calculer les valeurs correspondantes pour de nombreux objets géométriques. Ces définitions sont pratiquement celles qu'apprennent les étudiants de nos jours.

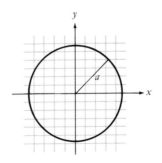

L'équation $x^2 + y^2 = a^2$ caractérise un cercle de rayon a.

Une courbe fermée sur laquelle s'appuient au moins trois surfaces minimales.

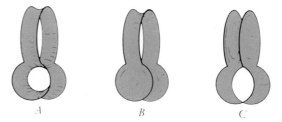

Les solutions du problème de Plateau pour une courbe donnée peuvent être de plusieurs types différents. Considérons par exemple une courbe qui délimite au moins trois surfaces minimales différentes. Dans la figure ci-dessus, les deux surfaces de droite sont du même type, mais celle de gauche est d'un type différent. On dit que le genre de la figure de gauche est égal à 1, tandis que celui des deux autres est égal à 0. Voyons ce que cela signifie.

Pour résoudre le problème de Plateau, nous avons besoin de classer les surfaces en fonction de leur degré de complexité. Une méthode sommaire mais efficace consiste à distinguer les surfaces par leur *type topologique*. Deux surfaces (supposées en caoutchouc dans un cas concret) ont le même type topologique si l'on peut passer de l'une à l'autre en les étirant quitte, éventuellement, à laisser certaines parties se traverser mutuellement *(voir l'illustration de la page 145)*, mais sans déchirer, ni couper, ni coller. L'illustration en bas de page montre diverses surfaces de même type topologique que la sphère.

Découpons maintenant deux disques sur la sphère et collons une anse *(voir l'illustration en haut de la page suivante)*. Nous pouvons répéter l'opération et fixer à la sphère deux, trois anses, ou plus. Nous obtenons ainsi une collection de surfaces bornées distinctes sans bord que l'on appelle surfaces avec anses. Si deux de ces surfaces ont un nombre différent d'anses, elles sont de types topologiques différents *(voir la figure au bas de la page suivante)*.

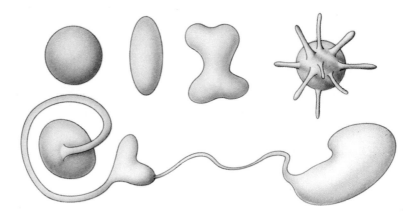

Surfaces fermées de même type topologique que la sphère.

Fixation d'une anse à une sphère.

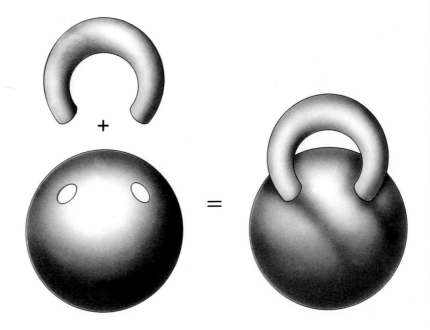

Sphères à 0, 1, 2 et 3 anses.

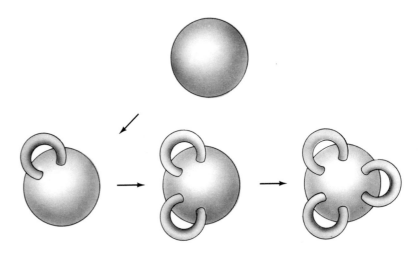

Surfaces de genre 1 (tore), de genre 2
(bretzel) et bretzel de boulanger.

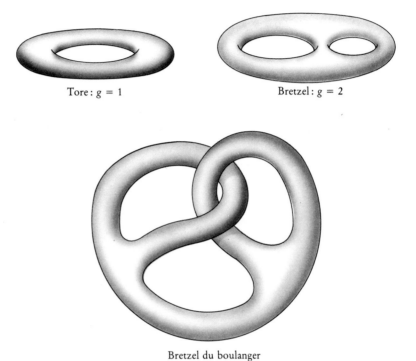

Tore : $g = 1$ Bretzel : $g = 2$

Bretzel du boulanger

En étirant la sphère à une anse, on peut obtenir un tore ; la sphère à deux anses a le type topologique d'un bretzel. Le « bretzel de boulanger » de la figure ci-dessus a le type topologique du bretzel ordinaire : devinez pourquoi !

On dit qu'une surface est de *genre g* si elle est du type topologique de la sphère à g anses. Le tore est ainsi de *genre 1* et le bretzel de *genre 2*.

Les surfaces considérées jusqu'ici n'avaient aucun bord. Découpons-y m trous bordés par m courbes C_1, C_2, C_3,...C_m. Deux surfaces ainsi obtenues sont du même type topologique si elles ont le même genre et le même nombre de trous. Plus précisément, nous dirons qu'une surface à m trous est de genre g si, en bouchant les trous avec m disques, nous obtenons une surface sans bord du type de la sphère à g anses. On appellera cet objet une surface de genre g à m trous.

Considérons maintenant les surfaces comportant un seul trou. Les solutions du problème de Plateau n'ont pas obligatoirement ce type topologique, car une courbe donnée peut être le bord de surfaces minimales de types topologiques différents. Avec les surfaces B et C

A) Surfaces avec un trou et différents genres.
B) Surface de genre 4 avec six trous.
C) Sphère avec deux trous.

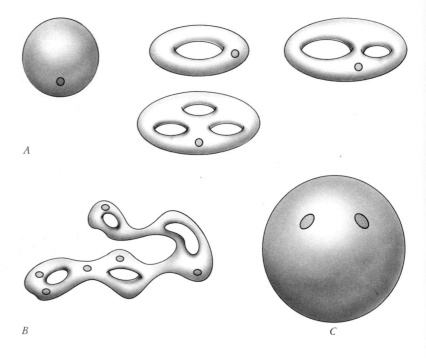

de la page 83, par exemple, on a $g = 0$ et $m = 1$, tandis que pour la surface A on a $g = 1$ et $m = 1$.

Toute surface du type de la sphère à un trou (c'est-à-dire $g = 0$, $m = 1$) est du même type que le disque *(voir l'illustration en bas de page)*. Le disque est la surface la plus simple qui soit bordée par une courbe fermée. Toutes les surfaces minimales ayant le type du disque sont donc, en un certain sens, les solutions les plus simples du problème de Plateau.

En étirant une sphère avec un trou, on peut obtenir un disque.

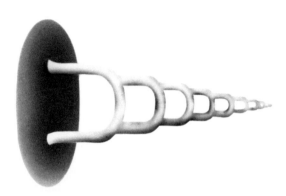

Un disque avec une série infinie d'anses.

Une surface du type du disque peut avoir une aire plus petite que toutes les surfaces voisines, ou seulement plus petite que les surfaces du même type ; on connaît des surfaces du type du disque, dont l'aire est minimale parmi celles des autres surfaces du même type, mais supérieure à certaines surfaces d'un genre plus élevé (g supérieur à 0). Autrement dit, la surface minimale bordée par une courbe donnée n'a pas toujours le type du disque ; parmi les surfaces de type disque, la surface d'aire minimale ne représente alors qu'un minimum « local ». L'illustration en haut de la page 83 donne un exemple de cette situation (pour s'en convaincre, il suffit de rapprocher les deux « oreilles » circulaires de la courbe).

Il n'est donc pas du tout facile de déterminer le genre g de la surface minimale bordée par un contour C donné, ni même de savoir s'il existe une surface solution du problème dont le genre soit un nombre fini. Considérons par exemple la courbe en bas de page. La surface minimale solution ressemble au monstre du Loch Ness. Elle ne fait pas partie de la collection de surfaces que nous avons examinée jusqu'ici, car elle a le type topologique *d'une sphère à un trou dotée d'une infinité d'anses* ou encore d'un disque fixé à une infinité d'anses (voir l'illustration en haut à gauche).

Ce phénomène étrange provient du *point singulier* de la courbe donnée, situé à l'extrémité de la queue du monstre. Suffit-il de se limiter *aux courbes lisses, régulières, pour éliminer les solutions « pathologiques »* de genre infini ? La réponse affirmative a été démontrée récemment.

Le bord du monstre du Loch Ness.

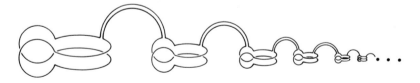

Le monstre du Loch Ness.

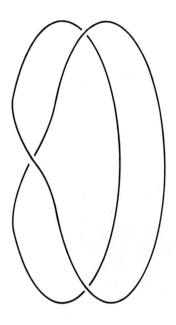

Deux surfaces minimales bordées par une courbe fermée.

Les surfaces minimales réservent-elles d'autres surprises? Notre collection de surfaces munies d'anses nous fournira-t-elle tous les films de savon bordés par un contour donné? Ou devons-nous agrandir cette famille?

Considérons la courbe ci-dessous. Deux surfaces *A* et *B* de types topologiques différents s'appuient sur elle; si le fil a la forme de la figure du bas à gauche, la surface minimale ressemblera à la figure *A*. Cette surface ne fait pas partie de notre collection de surfaces avec anses à m trous et de genre g qui ont toutes deux faces alors que *A* n'en a qu'une. Sur une surface à deux faces (c'est le cas de *B*) un insecte se déplaçant sur un côté ne peut pas passer sur l'autre sans franchir le bord. Sur *A* au contraire l'insecte peut aller partout sans franchir la frontière.

La surface *A* est du même type topologique que la fameuse *bande de Möbius* découverte en 1858 par A.F. Möbius, professeur à l'Université de Leipzig. On confectionne cette bande en coupant un ruban de papier qu'on tord d'un demi-tour, avant de recoller les extrémités. Une telle surface n'a qu'une seule face comme le montre le dessin de M.C. Escher, reproduit en haut à gauche de la page 89.

Depuis cette découverte, les mathématiciens ont trouvé un grand nombre de surfaces ayant une seule face et des types topologiques divers, avec un ou plusieurs trous. Beaucoup de ces surfaces se

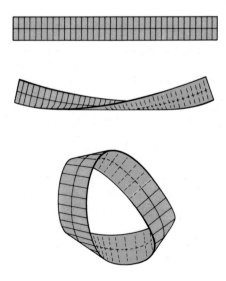

Confection d'une bande de Möbius.

La surface d'aire minimale bordée par cette courbe est du type topologique du ruban de Möbius.

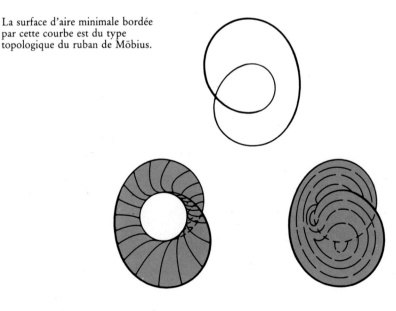

Surface A   Surface B

Le ruban de Möbius (dessin de M.C. Escher).

Auguste Ferdinand Möbius (1790-1868).

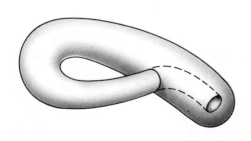

La bouteille de Klein a une seule face : son intérieur et son extérieur sont confondus.

recoupent elles-mêmes, comme par exemple la bouteille de Klein inventée par le mathématicien allemand Felix Klein (1849-1925). On dit qu'elles sont *non orientables*, car on ne peut pas savoir si une rotation se fait dans le sens des aiguilles d'une montre ou en sens contraire sur ces surfaces *(voir la figure ci-contre et celle du haut de la page 90).* Notons enfin que la collection des surfaces avec anses correspond à l'ensemble des surfaces orientables d'aire finie.

Considérons enfin deux surfaces minimales à une seule face dont les types topologiques sont plus compliqués que celui de la bande de Möbius. Les figures de la page suivante montrent qu'il n'est pas facile de prédire le type topologique d'une solution éventuelle du problème de Plateau. Nous avons vu cependant que les surfaces ayant le type du disque sont parmi les plus simples surfaces bordées par une courbe fermée. Nous pouvons donc nous poser la question suivante :

Peut-on prouver qu'il existe au moins une surface du type du disque s'appuyant sur un contour fermé simple donné, dont l'aire soit minimale parmi les surfaces du type du disque?

(Une courbe *simple* ne se recoupe pas ; un cercle est une courbe simple, un 8 n'en est pas une.)

Un tour complet sur la bande de Möbius transforme une rotation dans le sens des aiguilles d'une montre en une rotation en sens contraire.

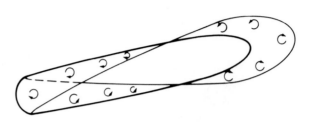

Une surface non orientable de genre 1 s'appuyant sur une courbe fermée.

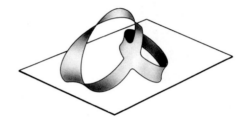

Une surface non orientable de genre 2 s'appuyant sur une courbe fermée.

Au cours du XIXᵉ siècle, cette version du problème de Plateau restreint au disque donna lieu à de nombreuses solutions pour des contours particuliers (surtout des polygones). Des mathématiciens comme Riemann, Weierstrass et Schwarz ont obtenu des résultats de première importance, mais les outils dont ils disposaient ne leur permettaient pas de traiter le problème de Plateau dans le cas général. Le géomètre français Gaston Darboux (1842-1917) notait en 1914 : *« Jusqu'à présent, l'analyse mathématique n'a pas pu inventer une méthode qui nous permette d'attaquer ce beau problème. »*

En 1928, un jeune Américain, Jesse Douglas, parvint à résoudre le problème de Plateau dans le cas du disque. Il donna la même année une conférence sur ce sujet à l'Université de Göttingen qui était, à l'époque, un des pôles de la recherche scientifique et mathématique internationale. Sa démonstration souleva diverses objections, et il lui fallut deux ans de plus pour lever les doutes, de telle sorte que

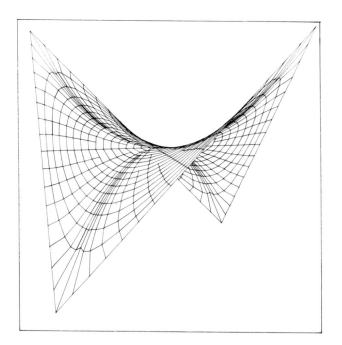 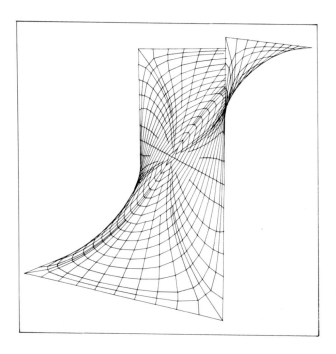

Deux dessins par ordinateur correspondant à deux des solutions obtenues par Schwarz du problème de Plateau pour des polygones.

son travail ne fut publié qu'en 1931. Entre-temps, le mathématicien hongrois Tibor Radó avait publié une démonstration entièrement différente.

Au cours de la décennie qui suivit, Jesse Douglas résolut de nombreux autres problèmes de surfaces minimales. Ses méthodes très efficaces lui permirent de traiter les questions d'existence concernant des surfaces minimales de genre g plus élevé, s'appuyant sur un nombre fini de courbes fermées. Ses succès lui valurent en 1936 l'une des deux premières médailles Fields de mathématiques. (Il n'y a pas de Prix Nobel de mathématiques; la médaille Fields est la plus haute récompense attribuée par le Congrès International des Mathématiciens.)

Les travaux de Douglas et de Radó ne mirent pas un point final à l'étude des surfaces minimales. Nous verrons que de nombreux résultats importants furent obtenus par la suite. L'un des plus notables a été la solution du problème de Plateau dans le cas général. On a maintenant démontré que *pour chaque courbe fermée simple, il existe une surface d'aire minimale et de genre fini qui s'appuie sur ce contour; de plus, cette surface d'aire minimale ne se recoupe pas.* On peut déduire de ceci que, pour toute courbe formant un nœud, la surface minimale ne peut pas être un disque.

A

B

C

Dessins par ordinateur : *A* et *B* sont des surfaces minimales stables, tandis que la Surface d'Enneper, *C*, est en équilibre instable et représente un film de savon fantôme.

Description géométrique des surfaces minimales

Nous avons, dans ce qui précède, employé l'expression «surface minimale» à propos des minima de l'aire que présentent les modèles mathématiques des films de savon stables. Dans ces films, l'énergie potentielle de la tension superficielle se trouve à un minimum local.

Nous avons vu qu'une courbe fermée délimite parfois plusieurs surfaces minimales «stables», aussi est-il naturel de se demander s'il existe des surfaces, s'appuyant sur un contour donné, qui correspondent à des *équilibres instables de l'énergie potentielle*.

Un exemple tiré de la mécanique illustrera par analogie ce phénomène : soit un bol métallique déformé *(voir l'illustration ci-dessous)*. Pour une certaine hauteur h du bol au-dessus d'un plan fixe, nous avons deux minima correspondant aux points P_1 et P_2 et un point P_3 d'équilibre instable.

Soit maintenant une courbe fermée, bordant deux surfaces différentes du type du disque, chacune associée à un minimum relatif d'aire. Existe-t-il une troisième surface qui correspondrait à un équilibre instable de façon analogue à P_3? Si oui, peut-on décrire par une *condition géométrique* les états d'équilibre, stables ou instables, de l'aire ? La réponse à ces deux questions est affirmative. L'existence de deux minima d'aire implique l'existence d'une surface du type du disque associée à un état d'équilibre instable de l'aire. On ne peut guère qu'entrevoir pendant une fraction de seconde le film de savon qui constitue cet état lorsque l'on bascule d'un minimum à l'autre *(voir le dessin en marge au bas de la page)*.

Comment caractériser les surfaces d'équilibre stable ou instable ? Nous aurons besoin pour cela de définir le degré de torsion — la courbure — d'une figure donnée. Une droite aura bien sûr une courbure nulle.

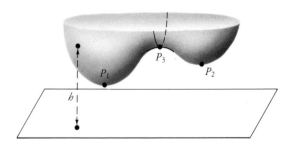

Bol déformé.

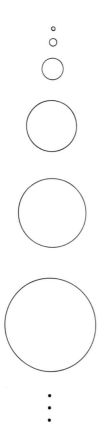

Cercles de rayon croissant.

La courbure d'un cercle de rayon r est la même en tout point, elle est d'autant plus accusée que le rayon est plus petit. On *définit* la courbure d'un cercle par la formule $K = 1/r$ (où K est la lettre grecque kappa) : la courbure est l'inverse du rayon.

Soit maintenant une courbe plane plus complexe, telle que la courbe A de la figure ci-dessous. Sa courbure est très forte en certains endroits et nulle en d'autres. La courbure dépend donc du point considéré sur la courbe. Soit un point P sur une courbe C *(figure B ci-dessous)*.

Si la courbe est régulière, elle admet en P une tangente T. Cette droite T est tangente en P à une famille de cercles parmi lesquels on choisit celui qui «épouse» le mieux la forme de la courbe C. Il faut faire appel au calcul infinitésimal pour définir rigoureusement ce cercle, mais on peut en donner une idée approchée. Soit deux points de la courbe, P_1 et P_1, proches de P. Par P, P_1 et P_2 passe un cercle et un seul. Lorsque P_1 et P_2 se rapprochent de plus en plus de P, le cercle que ces trois points déterminent se rapproche de plus en plus du cercle que nous cherchons. Si r est le rayon de celui-ci, on définira la courbure K de la courbe C en P par la formule $K = 1/r$. Si nous avons affaire à des courbes particulières qu'on appelle des *sections normales d'une surface*, nous attribuerons un signe à cette courbure, selon la convention décrite ci-après.

Soit un point P situé sur une surface S *(figure en haut de la page suivante)*. Choisissons une direction N, perpendiculaire au plan E tangent à S au point P : C est la *normale* à S en P que nous pouvons représenter par une flèche partant de ce point. En tous points d'une surface régulière il y a deux normales dirigées en sens opposés.

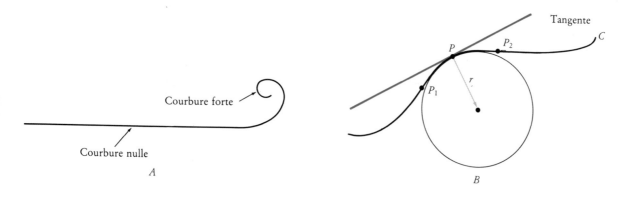

A. Une courbe quelconque.

B. Rayon de courbure.

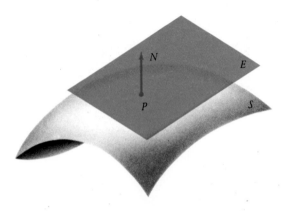

Surface S, plan tangent E, point P, direction normale N.

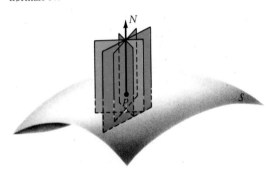

Un faisceau de plans normaux en P déterminés par la normale N.

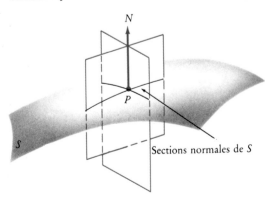

Deux plans normaux et leurs sections normales en P.

Tout plan passant par P et contenant la direction N *(figure du milieu)* est un *plan normal* en P à la surface S. Si nous faisons tourner un tel plan autour de N, nous voyons qu'il y a une infinité de plans normaux en P à la surface S. Chacun de ces plans coupe S selon une courbe plane dite *section normale de S*.

Soit une section normale C de la surface S en P, et r le rayon du cercle qui épouse le mieux la forme de C en P. Ce cercle est dans le même plan que C, et son centre est situé sur la droite dirigée suivant la normale N. Selon que la normale N est dirigée vers le centre du cercle ou vers l'extérieur, la courbure K sera positive (et égale à $1/r$) ou négative (et égale à $-1/r$). Le signe de K dépend donc du choix de la normale N; cette convention permet de donner une information sur le sens de cette courbure.

Nous pouvons maintenant définir la courbure d'une surface. On emploie de nos jours deux mesures de cette courbure : la courbure gaussienne et la courbure moyenne.

Parmi toutes les sections normales passant par P, on démontre qu'il en existe une, C_1, dont la courbure K_1 est minimale, et une autre, C_2, dont la courbure K_2 est maximale.

On définit la *courbure gaussienne* de la surface S au point P comme le produit de ces deux courbures dites principales :

$$K = K_1 \cdot K_2.$$

tandis que la *courbure moyenne* mesure la moyenne arithmétique de ces courbures :

$$H = \frac{K_1 + K_2}{2}.$$

Le théorème de Lagrange énonce l'équation d'une surface minimale et donne la caractérisation géométrique des surfaces d'aire minimale (*) :

En tout point régulier d'une surface d'aire minimale, la courbure moyenne est nulle.

Autrement dit, une surface d'aire minimale vérifie l'équation :

$$H = 0$$

(Au voisinage d'un point régulier une surface est lisse et a l'aspect d'un disque légèrement déformé.)

(*) Ce théorème fut élargi par Meusnier, un des premiers spécialistes de la géométrie différentielle, dans son *Mémoire sur la courbure des surfaces*, présenté à l'Académie en 1776 et publié en 1785.

Surfaces de courbures différentes. Le signe de K a une signification géométrique, alors que le signe de H dépend du choix de N.

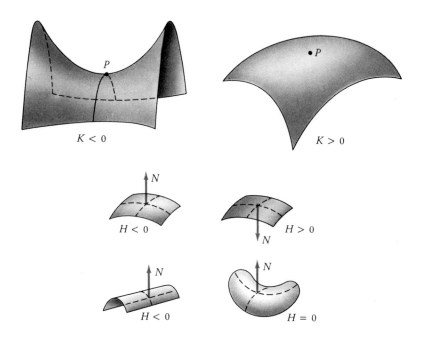

Cette équation suggère une autre interprétation physique. L'*équation de Laplace* lie la courbure moyenne H à la différence de pression entre les deux faces d'un film de savon, en tout point de celui-ci :

$$p = TH$$

où T est la tension superficielle du liquide. La même équation s'applique à la surface de séparation entre deux liquides, ou entre un liquide et un gaz.

Dire que la courbure moyenne doit être nulle revient donc à dire que, pour une surface minimale, la pression est la même sur les deux faces. (Dans une bulle de savon la pression à l'intérieur est supérieure à la pression externe ; une bulle est en fait une *surface dont la courbure moyenne est constante et différente de zéro.*)

Les surfaces correspondant à un équilibre d'aire instable doivent, elles aussi, avoir une courbure moyenne nulle. On a donc pris l'habitude d'employer l'expression « surfaces minimales » pour toutes les surfaces dont la courbure moyenne est nulle, même si leur aire ne représente pas un minimum.

Dans ce qui suit, on appellera *surfaces minimales stables* les surfaces d'aire (et donc d'énergie potentielle) minimale et *surfaces minimales* les surfaces de courbure moyenne nulle, associées à des états stationnaires de l'énergie potentielle de tension superficielle.

Les surfaces minimales stables sont celles qu'on peut matérialiser en principe avec des films de savon. Les surfaces minimales instables, ces fantômes flottants, sont eux aussi des objets intéressants et importants, même s'il est impossible de les réaliser comme films de savon. D'abord, leur élégante définition géométrique séduit les mathématiciens, mais elles nous aident aussi à comprendre le comportement des surfaces minimales lorsqu'on perturbe leur bord.

A quoi ressemblent ces surfaces minimales? Si la courbure moyenne est nulle en tout point, la surface se courbe dans deux sens opposés (relativement à la normale). Concrètement, *les surfaces minimales qui ne sont pas plates ont la forme d'une selle.*

Combien de surfaces minimales s'appuient sur un contour donné?

On ne sait pas trouver pour un contour donné le nombre de surfaces minimales qui s'appuient sur lui, même en se limitant aux *surfaces minimales ayant le type du disque.* L'illustration de la page 83 montre que certains contours bordent plusieurs surfaces minimales du type du disque, mais y a-t-il des contours qui ne bordent qu'une surface de ce genre?

On sait depuis longtemps que les courbes planes ne bordent qu'une seule surface minimale, qui est une surface plane. Tibor Radó énonça une autre propriété en 1932: un contour qui se projette simplement sur un plan suivant une courbe convexe borde au plus une surface minimale du type du disque.

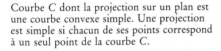

Courbe C dont la projection sur un plan est une courbe convexe simple. Une projection est simple si chacun de ses points correspond à un seul point de la courbe C.

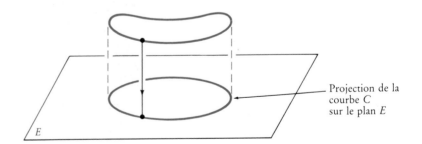

Projection de la courbe C sur le plan E

E

Un dernier résultat d'unicité fait appel à la *notion de courbure totale d'une courbe dans l'espace,* un nombre qui mesure de quelle quantité s'incurve le contour complet. Un cercle de rayon 1 a par exemple une courbure totale de 2π. Si le contour n'est fortement incurvé que sur une faible partie de son ensemble, la courbure totale ne sera pas très grande. Voici le résultat obtenu: *un contour dont la courbure totale est inférieure à 4π ne peut border qu'une surface du type du disque.*

Ce résultat incite à rechercher une limite supérieure au nombre de surfaces du type du disque qui s'appuient sur un contour donné «pas trop compliqué», mais on a récemment montré que cette limite n'existe pas: étant donné un nombre quelconque N (100, 50 000, 10^{100},...) et un autre nombre quelconque ε petit et positif (1/10, 1/8000, 10^{-200},...), il existe un contour de courbure totale inférieure à $4\pi + \varepsilon$ qui borde au moins N surfaces du type du disque minimales.

Ce surprenant théorème montre que si la courbure totale d'une courbe dépasse 4π, même de très peu, il peut se produire des choses tout à fait étonnantes.

Mis à part les trois cas d'unicité indiqués ci-dessus, on ne sait rien du nombre des surfaces minimales, ni même du nombre de surfaces minimales du type du disque qui s'appuient sur un contour non plan. Il n'y a pas d'exemple de courbe bordant plusieurs surfaces minimales, pour laquelle on connaisse *toutes* les surfaces minimales

Deux surfaces s'appuyant sur le même contour.

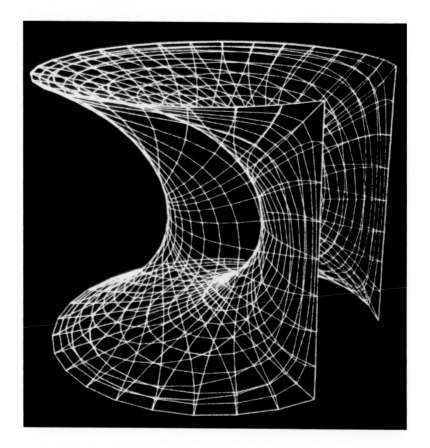

(même d'un genre donné) qui s'appuient sur elle ; on n'a même aucun exemple suggérant une réponse plausible. La figure ci-dessous, par exemple, montre deux surfaces minimales s'appuyant sur le même contour relativement simple : on ignore combien de surfaces minimales s'appuient sur ce contour.

Y a-t-il des contours qui bordent un nombre infini de surfaces minimales du type du disque : cette question paraît beaucoup plus simple, et pourtant on ne sait pas y répondre. L'intuition nous suggère qu'un contour déterminé ne peut border qu'un nombre fini de surfaces de cette sorte, mais en mathématiques il faut se méfier de l'intuition : la courbe bizarre illustrée page 87 pourrait border un nombre infini de surfaces minimales du type du disque.

Pour construire cette courbe, prenons d'abord le contour de la première figure ci-dessous. Cette courbe borde au moins deux surfaces minimales stables du type du disque (*voir la figure page 83*). Considérons ensuite une suite infinie C_1, C_2, C_3... de courbes semblables, chacune d'elles reproduisant la précédente à l'échelle 1/2. Relions C_1 à C_2 par une passerelle de façon à former une seule courbe

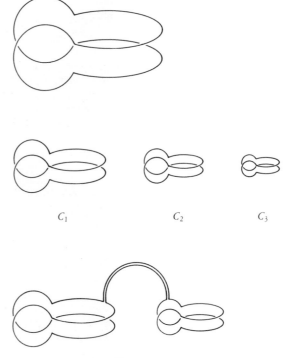

Une courbe fermée simple qui borde au moins deux surfaces.

Une suite infinie C_1, C_2, C_3,... de contours de tailles décroissantes (C_{i+1} est moitié de C_i) et tendant vers un point.

C_1 C_2 C_3

Deux courbes reliées par une passerelle.

C'

continue C'. Nous pouvons alors relier chacune des deux surfaces minimales stables qui s'appuient sur C_1 à l'une ou l'autre des deux surfaces analogues bordées par C_2 en ajoutant un petit ruban qui couvre la passerelle ; nous obtenons ainsi $2 + 2 = 4$ combinaisons de surfaces du type du disque bordées par C'. Si la passerelle est assez petite, il existe vraisemblablement une surface minimale stable, très proche de chacune des quatre surfaces composées obtenues par adjonction de la passerelle.

Nous avons ainsi obtenu à partir de C_1 et C_2 une nouvelle courbe fermée simple qui borde quatre surfaces minimales stables différentes du type du disque. Pourquoi s'arrêter là ? Attachons à C' la troisième courbe C_3 par une passerelle réduite à l'échelle 1/2 de la première. Nous obtenons un autre contour simple qui, selon le même raisonnement, borde au moins $2 \times 2 \times 2 = 8$ surfaces minimales stables du type du disque. Nous relions ensuite C_4, puis C_5 et ainsi de suite, par des passerelles de plus en plus petites. En répétant indéfiniment l'opération, nous arrivons à la courbe C, fermée, simple et de longueur finie, représentée page 87. Chaque étape multiplie au moins par 2 le nombre de surfaces : C borde donc vraisemblablement

Quatre surfaces qui s'appuient sur la courbe composite C' du bas de la page précédente.

une infinité de surfaces minimales du type du disque, mais aucune preuve mathématique n'est venue parachever ce raisonnement séduisant. La courbe du monstre nous suggère en tout cas que les choses sont bien plus compliquées qu'elles ne paraissent.

Cependant, le bilan n'est pas aussi négatif qu'il le paraît à ce stade. On a récemment démontré que *si l'on prend au hasard un contour simple et régulier, la probabilité qu'il borde une infinité de surfaces minimales du type du disque, est nulle*. En d'autres termes, les courbes «pathologiques» sont extrêmement rares et la quasi-totalité des courbes régulières ne bordent qu'un nombre fini de surfaces minimales du type du disque. Ce résultat ne contredit pas l'hypothèse que la courbe du monstre borde un nombre infini de surfaces minimales, car cette courbe peut être justement «pathologique» et d'ailleurs elle n'est pas régulière, même si on lisse les raccords avec les passerelles. L'extrémité de la queue est un point singulier essentiel, c'est-à-dire une sorte de point de rebroussement.

Pour les courbes «très régulières» (le terme technique est *courbes analytiques*) on sait quelque chose de plus : ces courbes ne peuvent border qu'un nombre fini de surfaces d'aire minimale parmi toutes les surfaces du type du disque.

Chapitre 5

La formule algébrique commune à toutes les surfaces minimales s'appuyant sur un contour donné.

Malgré ce que nous venons de voir, on a récemment découvert une relation commune à toutes les surfaces minimales bordées par un contour donné. Revenons au modèle simple d'un bol déformé situé au-dessus d'un plan *(voir la figure en marge)*. Si nous considérons l'altitude h au-dessus du plan, nous avons trois points d'équilibre par rapport à h : deux minima P_1 et P_2 et un équilibre instable P_3. Imaginons une araignée se déplaçant sur la face interne du bol. Si elle part de P_1 ou P_2, elle gagnera en altitude quelle que soit la direction choisie. En P_3 la situation est différente : elle peut choisir une direction selon laquelle son altitude (et donc son énergie potentielle) va décroître. On appelle *nombre caractéristique* d'un point d'équilibre le nombre de directions perpendiculaires entre elles selon lesquelles l'araignée s'éloigne du point d'équilibre en descendant. En P_1 et P_2 ce nombre caractéristique est égal à 0, et en P_3, il est égal à 1.

La figure ci-contre en haut montre un bol retourné au-dessus d'un plan E. Le seul point d'équilibre est le sommet du bol ; quelle que soit la direction qu'elle prend, l'araignée descend : le nombre caractéristique est 2.

Avec le premier bol, nous avions trois points d'équilibre dont les nombres caractéristiques étaient $\lambda_1 = 0$, $\lambda_2 = 0$ et $\lambda_3 = 1$. Formons la somme :

$$(-1)^{\lambda_1} + (-1)^{\lambda_2} + (-1)^{\lambda_3} = 1 + 1 - 1 = 1$$

Prenons un bol hémisphérique quelconque que nous déformons, sans altérer son bord ; ces manipulations font apparaître des creux, des cols et des sommets, et donc n points d'équilibre P_1, P_2, ... P_n de nombres caractéristiques associés λ_1, ... λ_n *(voir la figure en bas à gauche)*.

Dans tous les cas, le lecteur peut vérifier qu'on obtient toujours :

$$(-1)^{\lambda_1} + (-1)^{\lambda_2} + ... + (-1)^{\lambda_n} = 1$$

Cette équation due à Morse dérive d'une propriété topologique du bol découverte par Euler. Avec un polyèdre inscrit dans une sphère, on a :

$$V - E + F = 2$$

où V, E et F désignent respectivement les nombres de sommets, de côtés et de faces. Ceci est vrai pour tout polyèdre inscrit et traduit donc une caractéristique topologique de la sphère.

Une araignée sur un bol renversé.

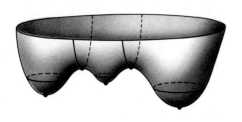

Une vallée avec trois puits.

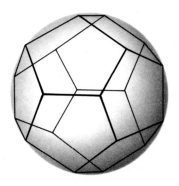

Un polyèdre inscrit dans une sphère.

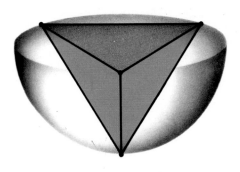

Une pyramide sans base, la pointe en bas,
inscrite dans un bol.

On peut élargir ce point de vue à un bol ouvert dont la forme hémisphérique est équivalente du point de vue topologique à la sphère à un trou. Considérons les polyèdres inscrits dans le bol dont la face contenue dans le plan équatorial est ouverte. Prenons par exemple une pyramide inversée, dont le sommet coïncide avec le pôle de l'hémisphère : nous avons alors : $V = 4$, $E = 6$, $F = 3$, et donc :

$$V - E + F = 1$$

La somme obtenue dans l'équation de Morse avec les nombres caractéristiques des points d'équilibre est aussi égale à 1. Ce résultat est commun à tous les polyèdres inscrits ouverts sur la face supérieure. Marston Morse démontra voici 50 ans l'égalité de base de ce qui est aujourd'hui appelé la théorie de Morse :

$$(-1)^{\lambda_1} + (-1)^{\lambda_2} + ... + (-1)^{\lambda_n} = V - E + F$$

qui relie la notion de point critique issue du calcul des variations aux concepts de la topologie.

Quel est le rapport entre la théorie de Morse et les surfaces minimales ? D'après le résultat mentionné à la fin du chapitre précédent, presque tous les contours non « pathologiques » bordent seulement un nombre fini de surfaces minimales du type du disque. Soit C l'une de ces courbes, et N le nombre de surfaces minimales du type du disque S_1, S_2,..., S_N qu'elle délimite.

Toutes n'ont pas une aire minimale (parmi toutes les surfaces possibles, de type quelconque). On peut associer à chaque surface S_i un nombre caractéristique λ_i analogue aux nombres caractéristiques que nous avons déjà rencontrés. Si S_i est d'aire minimale on a notamment $\lambda_i = 0$. On retrouve l'égalité de Morse dans ce cas plus général :

$$(-1)^{\lambda_1} + (-1)^{\lambda_2} + ... + (-1)^{\lambda_n} = 1$$

On peut déduire de ce résultat que l'existence de deux surfaces minimales implique celle d'une troisième surface minimale instable *(voir l'illustration en marge page 92)*. Imaginons deux surfaces d'aire minimale délimitées par un contour non « pathologique » et supposons qu'il n'existe pas d'autre surface minimale. Chacune de ces deux surfaces minimales a un nombre caractéristique nul. On aurait donc :

$$(-1)^{\lambda_1} + (-1)^{\lambda_2} = (-1)^0 + (-1)^0 = 1 + 1 = 2 \neq 1$$

contrairement à ce que donne l'égalité de Morse. Il y a donc une troisième surface minimale qui est instable. D'après l'égalité de Morse, si un contour borde n surfaces d'aire minimale, il borde aussi $(n - 1)$ surfaces minimales instables.

Caténoïdes et hélicoïdes

Nous allons considérer à présent des surfaces minimales appuyées sur plusieurs courbes simples, matérialisées par des fils. Que se passe-t-il si l'on trempe deux boucles dans une solution savonneuse? En les retirant, on peut obtenir deux films séparés, un pour chaque boucle ou, avec un peu de chance, un seul film, bordé par les deux boucles. L'illustration en marge montre deux films de ce genre qui ont le type topologique de l'anneau, c'est-à-dire encore de la sphère à deux trous *(voir la figure en haut de la page 86)*. Si les deux boucles sont trop éloignées l'une de l'autre, on obtient deux surfaces séparées; si elles sont proches, elles peuvent délimiter une surface du type de l'anneau mais aussi un ensemble plus compliqué de trois surfaces minimales, comme on peut le voir ci-dessus. Il suffit de placer un doigt dans l'axe des boucles avant de les retirer de la solution pour obtenir la forme annulaire et éviter la surface intermédiaire. Ces surfaces ne figurent pas dans notre liste de surfaces susceptibles de s'appuyer sur un contour. Il faut élargir notre définition cette fois encore. Dans un système de films de savon en équilibre stable, trois surfaces seulement peuvent se rencontrer le long d'une arête liquide et doivent se raccorder selon des angles de 120°. Nous examinerons cette propriété plus en détail dans la section qui suit.

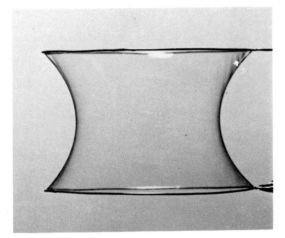

Un film de savon s'appuyant sur deux boucles circulaires :
— en haut : boucles égales ; — en bas : boucles inégales.

Un ensemble de trois surfaces minimales bordées par deux cercles.

Parmi les surfaces s'appuyant sur deux boucles, le système formé de trois films de savon correspond également à un minimum relatif de l'aire, car son aire est plus grande que celle du film de type anneau.

Il y a une relation étonnante entre la surface annulaire et une courbe qu'on retrouve souvent en mécanique. En faisant tourner une courbe autour d'un axe fixe, on engendre une surface de révolution. Parmi les surfaces de révolution quelles sont celles qui sont minimales (c'est-à-dire de courbure moyenne nulle)? Il y a bien sûr le plan, qui s'obtient en faisant tourner une droite L autour d'une perpendiculaire.

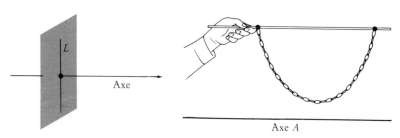

Le plan est une surface de révolution.

Chaîne suspendue à une baguette horizontale.

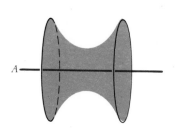

Une caténoïde est une surface de révolution.

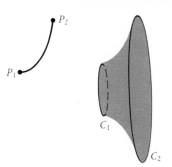

Caténoïde bordée par deux cercles de rayons différents.

Mais, à part les surfaces planes, comme le disque ou le plan, y en a-t-il d'autres? En fait, il n'y a qu'une autre solution : suspendez une chaîne par ses deux extrémités à un bâton horizontal. Elle prendra à l'équilibre la forme d'une « chaînette ». En la faisant tourner autour d'un axe parallèle au bâton et situé au-dessous de la chaînette, on obtient la seule surface minimale qui soit une surface de révolution, à condition que la distance entre la chaînette et l'axe de révolution soit égale à $h = \sqrt{b^2 - l^2}$, où l désigne la demi-longueur de la chaîne, et b la distance entre le bâton et l'axe de rotation. Euler découvrit en 1744 cette surface qui est la *seule surface de révolution minimale non contenue dans un plan*, on l'appelle la « caténoïde ». Elle peut être bordée par des cercles de rayons différents.

Nous avons vu qu'une surface d'un seul tenant ne peut pas s'appuyer sur deux cercles trop éloignés l'un de l'autre. Écartez les deux boucles C_1 et C_2, supports d'une caténoïde : à partir d'une certaine distance entre elles, le film de savon se rompt pour former deux disques autour de C_1 et C_2. La distance critique pour laquelle se produit la rupture est connue de façon précise. Si par exemple C_1 et C_2 ont le même rayon R, la distance critique d est $1,325487\,R$.

En fait, lorsque l'écart entre les deux cercles est inférieur à d, deux caténoïdes différentes sont susceptibles de s'appuyer sur eux mais une seule est stable (l'autre est plus incurvée). Notons que la paire de disques s'appuyant sur C_1 et C_2 est une autre configuration stable mais non connexe. Cette fois encore, l'existence de deux configurations stables implique celle d'une configuration instable.

La caténoïde offre d'autres intérêts pour l'étude des surfaces minimales. Après avoir confectionné une caténoïde avec une feuille de plastique, coupez-la suivant une méridienne et écartez progressivement les deux bords tout en déformant la surface comme on le voit sur la figure ci-dessus. La caténoïde devient alors, sans distorsion, une portion d'*hélicoïde* qui est elle aussi une surface minimale. Autre

Passage par déformation isométrique d'une caténoïde à une hélicoïde.

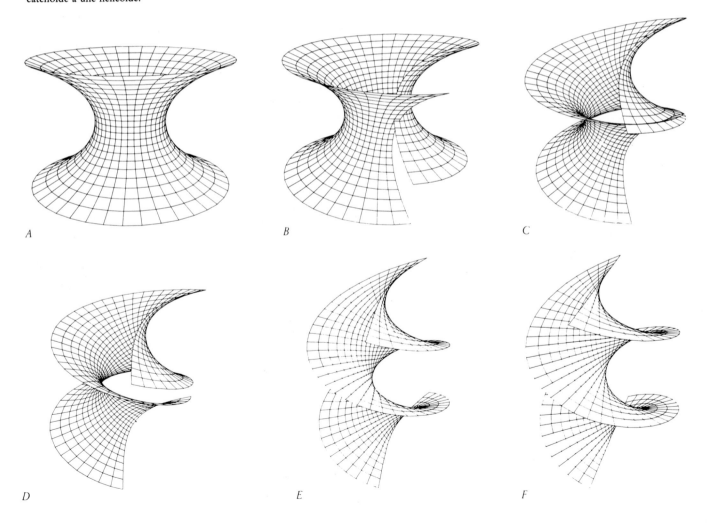

A

B

C

D

E

F

propriété remarquable : toutes les surfaces intermédiaires obtenues au cours de cette déformation isométrique sont elles aussi des surfaces minimales !

Après la caténoïde, l'hélicoïde est le plus ancien exemple de surface minimale non contenue dans un plan. Elle était déjà connue lorsque le géomètre français Meusnier découvrit en 1776 que sa courbure moyenne était nulle. Les architectes employaient d'ailleurs des portions d'hélicoïde pour construire les escaliers en spirale de certains châteaux.

Le principe de construction de l'hélicoïde est simple. On prend un segment de droite L, perpendiculaire à un axe A. On fait tourner L à vitesse constante autour de A, tandis que le point P, intersection de L et de A, se déplace à vitesse constante le long de A. La superposition de ces deux mouvements donne à L le mouvement d'une vis et la surface balayée par L est une hélicoïde. La figure en milieu de page ci-dessous montre la portion d'hélicoïde, intérieure à un cylindre d'axe A. L'hélicoïde coupe le cylindre selon deux hélices C_1 et C_2 qui forment ensemble une double hélice. En collant un mince ruban de papier le long de chaque courbe (*figure en bas à droite*), nous obtenons le modèle de la molécule d'ADN qui porte le code génétique.

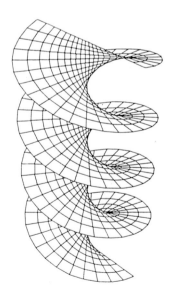

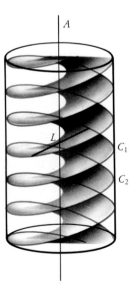

Une hélicoïde, modèle d'un escalier en spirale.

Génération d'une hélicoïde.

Double hélice.

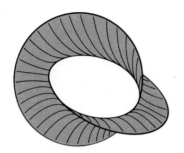

Une surface minimale s'appuyant sur deux
courbes entrelacées.

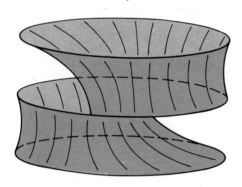

Une parmi l'infinité de surfaces qui
s'appuient sur un contour fait de trois
cercles coaxiaux.

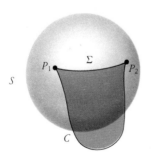

Une surface minimale dont une partie Σ du
bord est libre.

La caténoïde est l'exemple le plus simple d'une surface minimale bordée par plusieurs courbes fermées. La figure en haut de page à gauche montre une surface minimale bordée par deux boucles entrelacées. Avec plusieurs fils, on confectionne des frontières auxquelles se raccordent une infinité de surfaces ayant le même type topologique : c'est une question centrale dans l'étude des surfaces minimales. Prenons un jeu de trois boucles circulaires coaxiales, de même rayon, placées à distance égale mais petite. Il existe une infinité de surfaces minimales, de «genre» zéro, bordées par ces trois boucles. La figure en marge au milieu montre l'une de ces surfaces. Toutes les solutions s'obtiennent par simple rotation à partir d'une d'entre elles autour de l'axe commun aux trois cercles ; on est tenté de dire que ce n'est pas un bon exemple, puisque les surfaces ne sont pas «essentiellement» distinctes. Pour préciser les termes nous dirons que deux surfaces sont «vraiment différentes» si l'on ne peut pas passer de l'une à l'autre par un déplacement (translation, rotation, ou la combinaison des deux) dans l'espace. Quel est donc le nombre de surfaces «vraiment différentes» de même type topologique qui s'appuient sur un ensemble donné de courbes ?... La question reste ouverte.

Les arêtes liquides, et les trois angles fondamentaux de 90°, 120° et 109° 28' 16''

Considérons le film de savon de la figure en bas à gauche. Cette surface minimale stable diffère de celles que nous avons rencontrées jusqu'ici car une partie de sa frontière repose sur une surface donnée (la *surface support*) et non sur un fil. Cette frontière ne vérifie pas les hypothèses du problème de Plateau, puisqu'elle n'est pas entièrement fixée à l'avance et peut adopter une position optimale sur la surface support.

Dans le cas illustré par la figure, on a fixé les deux extrémités d'un fil métallique C en deux points P_1 et P_2 d'une surface de verre ou de plexiglas S. Après qu'on a retiré de la solution l'ensemble $<C, S>$ constitué par la courbe C et la surface S, un film se forme, attaché à la courbe C ; sa frontière est formée d'une arête liquide Σ appuyée sur la surface support S, de façon à minimiser l'aire. On dira que la courbe Σ est le *bord libre* du film de savon (ou de la surface minimale stable) sur la surface support S. La figure en haut de la page suivante représente des films dont la frontière entière est un bord libre Σ appuyé sur la surface S.

Peut-on préciser la forme du bord libre Σ ? En fait, presque toutes les courbes tracées sur S peuvent être des bords libres d'un film liquide. Il y a cependant une loi que toutes les expériences permettent de vérifier : un film de savon se raccorde toujours à angle droit sur une surface support lisse (*voir la figure en marge*).

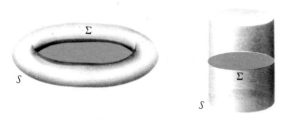

Surfaces minimales avec frontières
entièrement libres.

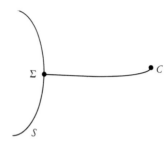

Vue en coupe du raccordement à angle droit
le long de la frontière libre.

Plateau avait observé expérimentalement cette propriété et
H.A. Schwarz en a donné une démonstration mathématique rigoureuse. On peut ainsi noter une première règle que nous retrouverons
fréquemment par la suite (*) :

RÈGLE 1. Si une surface minimale a un bord libre Σ sur une surface support
S, elle se raccorde à S, le long de la courbe Σ, selon un angle droit.

Nous devons au mathématicien français J.D. Gergonne le
premier problème (1816) concernant des surfaces minimales ayant un
bord libre :

Comment partager un cube en deux parties, par une surface M d'aire
minimale *(en gris sur la figure du bas)*, fixée à deux diagonales orthogonales C_1 et
C_2, situées sur deux faces opposées du cube.

Ce n'est qu'en 1872 que Schwarz proposa la première solution
correcte de ce problème : la surface que découvrit Schwarz porte
généralement le nom de *surface de Gergonne*! Elle se raccorde à angle
droit à deux autres faces du cube, S_1 et S_2.

Par ailleurs, Schwarz trouva une infinité de surfaces de courbure moyenne nulle s'appuyant sur le contour (C_1, C_2, S_1, S_2) en se
raccordant à angle droit sur S_1 et S_2, et qui soient «vraiment différentes» ; une seule de ces surfaces est d'aire minimale. Le problème
admet donc «réellement» une infinité de solutions de courbure
moyenne nulle (surfaces minimales).

Une autre configuration (C_1, C_2, S) admet une infinité de
solutions «réellement différentes» : si S est une surface cylindrique et
C_1 et C_2 deux lignes droites passant par l'axe du cylindre à deux
hauteurs différentes, on trouve une famille d'hélicoïdes.

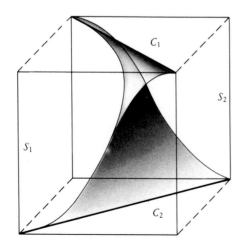

Surface de Gergonne.

(*) Richard Courant fut l'initiateur en 1940 de la théorie des surfaces minimales à bords
libres. En 1951, Hans Lewy fit la première étude détaillée du bord libre Σ. Schwarz et
les mathématiciens finnois Neovius, Stenius et Tallquist avaient cependant déjà démontré l'existence de surfaces minimales raccordées à une configuration $<C, S>$, lorsque
S est un plan et C un polygone contenu dans ce plan.

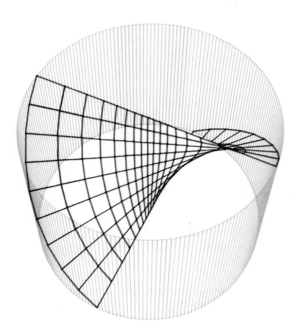

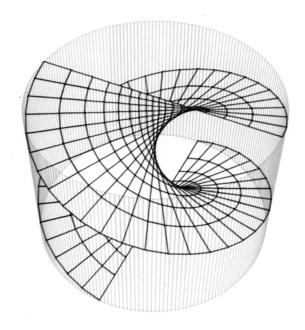

Trois parmi une infinité de surfaces
minimales «réellement différentes»,
s'appuyant sur un bord donné.

Courant avait remarqué que pour une configuration frontière
donnée *(C, S)*, on peut obtenir des films de savon «vraiment différents» les uns des autres: ils ont même des types topologiques
différents *(voir la figure en bas de page)*.

Surfaces minimales de types topologiques
distincts comportant un bord partiellement
libre, qui s'appuient sur la même
configuration frontière *(C, S)*.

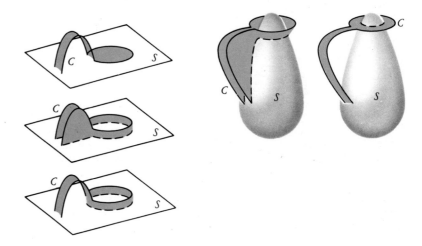

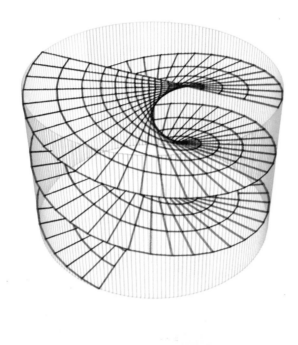

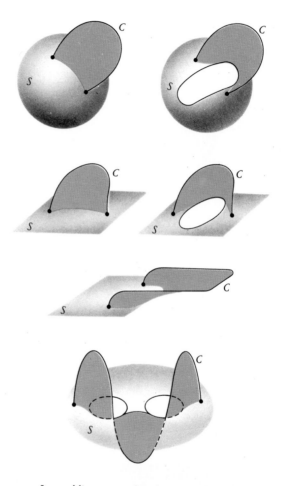

Le problème avec obstacle et des frontières
partiellement libres.

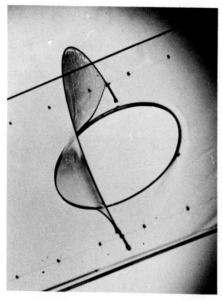

La frontière libre se raccorde
tangentiellement au bord de la surface
support.

Si la surface support S comporte elle-même un bord auquel s'attache une partie du film, nous avons affaire à une situation nouvelle car la Règle 1 ne s'applique plus : le film n'est plus entièrement libre de son mouvement puisque le bord sur S forme obstacle. Ici encore le film se raccorde à 90° à la surface S, sauf sur le bord où la frontière libre du film se raccorde tangentiellement en général. Une démonstration mathématique est d'ailleurs venue étayer les preuves expérimentales de cette dernière propriété *(voir la photographie ci-contre)*.

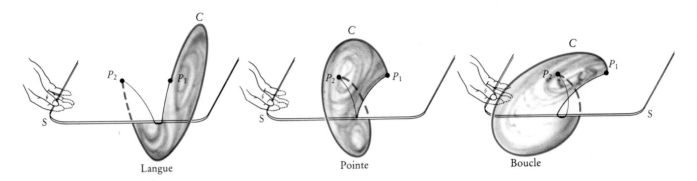

Les trois configurations — langue, rebroussement (ou cusp), boucle — que peut former un film s'appuyant sur une plaque et un fil qui la contourne.

Expériences montrant des films de savon ayant la forme d'une langue, d'un rebroussement et d'une boucle.

La frontière libre Σ peut très exceptionnellement avoir la forme d'une pointe. Prenons pour cela une plaque de verre S; fixons un fil métallique C en un point P_1 sur la surface supérieure de S, courbons C autour du bord de S et fixons l'autre extrémité en un point P_2 de la face intérieure *(voir la figure ci-dessus)*. Si C ressemble à un cercle coupé en un point et dont les extrémités ne sont que légèrement écartées, le film de savon prend la forme d'une « langue ». Mais si l'on déforme le cercle, la langue se change en boucle; la forme en pointe est intermédiaire entre les deux. Les trois photographies ci-dessous montrent ces trois positions.

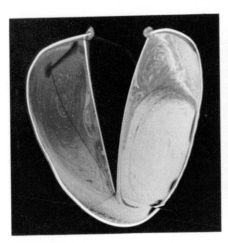
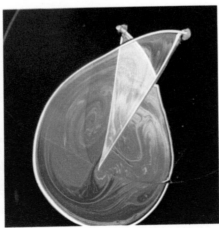
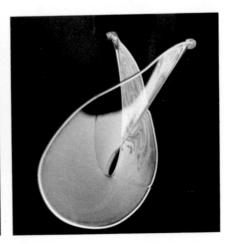

A. Patabole de Neil.
B. Surface de Henneberg.

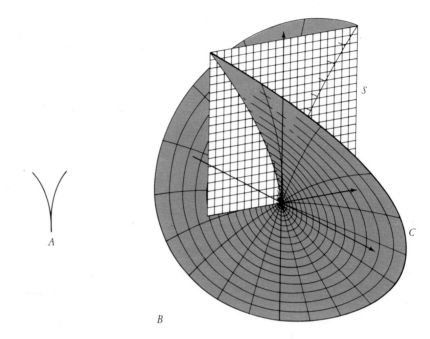

B

La figure *B* ci-dessus montre un support fait d'un demi-plan *S* et d'une courbe *C* qui borde une surface minimale dont la frontière libre présente une pointe.

Henneberg découvrit en 1876 cette surface qui peut être matérialisée par un film de savon. La frontière libre est une courbe que l'on appelle «parabole de Neil» ou parabole semi-cubique *(Figure A)*. Ses deux branches ont pour équation $y = x^{3/2}$ et $y = -x^{3/2}$, alors que l'équation d'une parabole ordinaire est $y = x^2$.

Les films de savon peuvent délimiter des bords liquides dans d'autres situations. Plusieurs films peuvent se raccorder les uns aux autres et former un arrangement stable, c'est-à-dire un ensemble d'aire minimale pour une frontière donnée. Trois arcs C_1, C_2, C_3 sécants en deux points *(voir la figure A ci-dessous)* peuvent délimiter un ensemble de films de savon ; ces films se rejoignent le long d'une arête liquide Σ où ils forment entre eux des angles de 120°.

A. Trois surfaces se recoupant à 120 degrés.
B. Coupe transversale de leur frontière liquide commune.

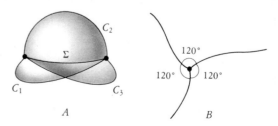

A   B

Ensemble de films de savon.

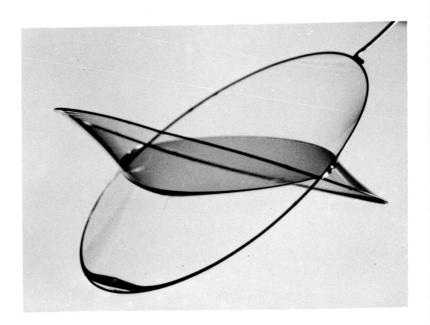

Un cadre en forme de tétraèdre *(voir la photographie de la page suivante)* sert de support à un système de six films comportant quatre arêtes liquides. Ici encore, les films se raccordent entre eux le long d'une arête commune, selon un angle de 120°. Les quatre arêtes liquides se rencontrent en un point et forment deux à deux un angle de 109° 28′ 16″ dont le cosinus est égal à — 1/3.

Les expériences de Plateau montrèrent que ces deux exemples étaient caractéristiques et qu'il n'était pas possible d'obtenir des résultats différents. D'où la deuxième règle s'appliquant à une configuration stable de films de savon :

RÈGLE 2. Trois surfaces minimales lisses formant un système d'aire minimale se rencontrent selon une ligne régulière et font entre elles des angles de 120°. Quatre lignes de ce genre, au plus, peuvent se rencontrer en un point où elles forment entre elles des angles de 109° 28′ 16″.

La démonstration mathématique de la première partie de cette règle (concernant l'angle de 120°) est connue depuis longtemps : elle est assez facile à établir si on admet que les lignes d'intersection ne présentent pas de singularité. La démonstration correcte de la seconde partie est récente.

Voici l'idée principale du raisonnement : supposons que les surfaces minimales et leurs lignes d'intersection ne présentent pas de

Films de savon dans un téraèdre.

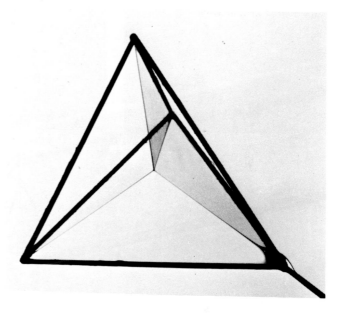

singularité. Prenons un point P sur une des surfaces et agrandissons de plus en plus l'aire au voisinage de P comme si nous l'examinions avec un microscope de plus en plus fort. A la limite, chaque surface paraît plate et chaque ligne semble droite. La propriété d'aire minimale du système original se conserve par dilatation, de sorte que la nouvelle surface agrandie a elle aussi une aire minimale. Dessinons une sphère de centre P : ses intersections avec l'ensemble des surfaces agrandies sont des grands cercles. Comme ce système est d'aire minimale, cela entraîne que trois de ces grands cercles seulement peuvent se rencontrer en un sommet où ils forment des angles de 120° ; s'il en était autrement l'aire du système pourrait être réduite et ne serait donc pas minimale.

Il reste à déterminer tous les ensembles de grands cercles d'une même sphère qui peuvent se recouper trois par trois en formant des angles tous égaux à 120°. Pour trouver la réponse il faut résoudre le problème de Steiner dans le cas de la sphère et non du plan. La trigonométrie sphérique permet de montrer qu'il y a exactement dix réseaux géodésiques possibles, mais une analyse plus détaillée montre que trois d'entre eux seulement ont une aire minimale. Ce sont les trois premiers *(A, B, C)* parmi les dix représentés sur les deux pages suivantes. Le premier correspond à une surface plane, les deux suivants aux systèmes représentés en bas de la page 111 et en haut de cette page-ci. La Règle 2 se trouve ainsi démontrée.

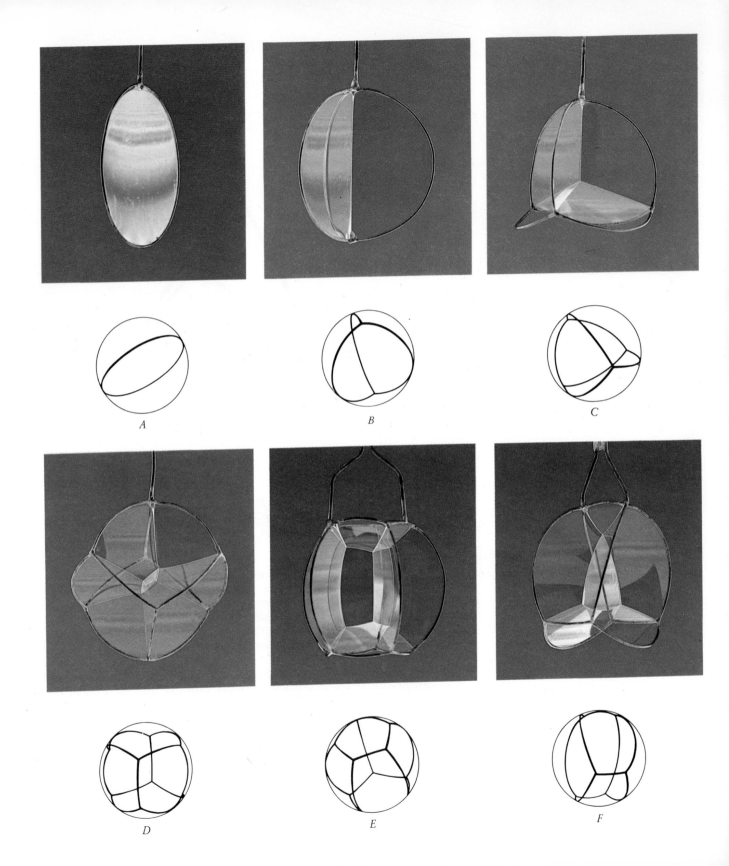

A   *B*   *C*

D   *E*   *F*

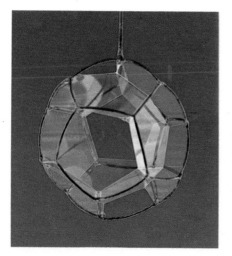

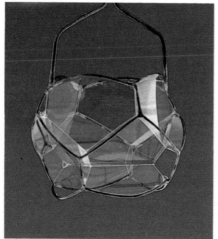

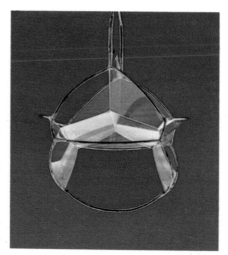

G

H

I

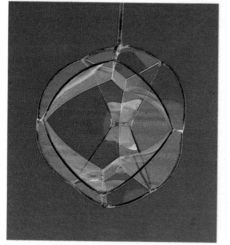

Sur une sphère, il existe dix réseaux de grands cercles se rencontrant trois par trois en formant des angles de 120 degrés. Les dessins ci-dessus représentent ces réseaux, de A à J. Les films de savon s'appuyant sur les réseaux A, B et C sont les systèmes de surfaces que l'on obtient par le « processus d'agrandissement ». Les autres systèmes de films, de D à J, diffèrent des « objets agrandis » que l'on appelle des « cônes » et qui sont engendrés par les droites allant du centre de la sphère aux points du réseau sphérique. Ces observations apportent une « preuve physique » du fait que les « cônes » correspondant à A, B et C minimisent l'aire et non les cônes figurant sur les dessins de D

à J. Ceci peut aussi être démontré mathématiquement.

On peut décrire sommairement les réseaux A à J de la manière suivante : A est un grand cercle ; B trois moitiés de grands cercles ; C un tétraèdre sphérique ; D un hexaèdre sphérique ; E un prisme sphérique ayant pour base un pentagone ; F un prisme sphérique à base triangulaire ; G un dodécaèdre sphérique ; H est fait de deux quadrilatères et huit pentagones isométriques ; I de quatre quadrilatères isométriques et quatre pentagones isométriques ; J de trois quadrilatères et six pentagones.

J

On obtient de magnifiques ensembles de films de savon en choisissant des supports de forme polyédrique dont certains peuvent délimiter plusieurs configurations de type différent. Cette propriété est manifeste dans le cas d'un support octaédrique. Les configurations obtenues varient selon la manière dont on retire le fil métallique sur lequel s'appuie la solution savonneuse ; il est utile de faire des expériences.

Film de savon s'appuyant sur le bord d'un octaèdre.

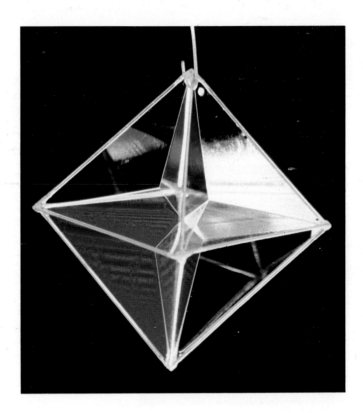

Pour passer d'une configuration à l'autre, il suffit de souffler doucement sur la surface ou même parfois de secouer le fil métallique.

Les films de savon permettent de trouver une solution expérimentale au problème général de Steiner, grâce à une ingénieuse application de la règle des 90 degrés et de celle des 120 degrés. Rappelons que ce problème consiste à relier n points par un réseau de droites, dont la longueur totale soit minimale.

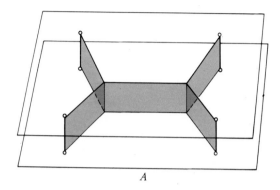

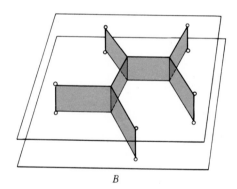

Solutions du problème de Steiner à l'aide de films de savon : (A) problème pour quatre points, (B) problème pour cinq points.

Construisons un support fait de deux plaques de verre parallèles, réunies par n épingles identiques perpendiculaires aux plaques. Si l'on plonge le dispositif dans une solution savonneuse et qu'on le retire, il se forme un réseau de films plans qui s'appuient sur les épingles. Ils comportent des arêtes liquides rectilignes de deux types différents, selon qu'elle s'appuient perpendiculairement sur le verre ou le plastique (frontières liquides reposant librement sur une surface) ou qu'elles se situent au carrefour de trois films raccordés selon trois angles de 120 degrés *(voir les figures ci-contre)*. Fixons les épingles à l'emplacement des n points de l'énoncé ; les arêtes liquides dessineront sur chaque plaque une courbe, solution expérimentale du problème posé. Ces arêtes vérifient en effet les conditions du problème de Steiner. D'autre part l'aire totale de ce réseau de films est égale à l'écart entre les deux plaques multiplié par la longueur totale des arêtes liquides. Nous savons qu'un ensemble de films de savon a une aire minimale ; la longueur totale des arêtes liquides est donc aussi minimale parmi tous les réseaux reliant les n points donnés.

Les surfaces minimales périodiques

H.A. Schwarz fut le premier à résoudre le problème de Plateau dans un cas où le contour n'était pas plan. Il considéra la figure la plus simple : un quadrilatère formé de quatre arêtes parmi six d'un tétraèdre régulier. Il publia ses résultats en 1865 et construisit trois modèles. Un fil métallique fin bordait les surfaces minimales matérialisées par une pellicule de gélatine (*). Le premier modèle est représenté dans la page suivante.

Schwarz avait découvert que les films de savon s'appuyant librement sur une surface S forment avec elle un angle de 90 degrés le long de l'arête. Ce résultat le conduisit au problème suivant : soit $<C_1,... C_k, S_1,... S_l>$ un ensemble connexe de k lignes droites : $C_1,...$ C_k et de l surfaces planes : $S_1,... S_l$, que nous appellerons *chaîne de Schwarz*. Cette chaîne délimite une surface minimale qui rencontre à angle droit les surfaces $S_1.... S_l$ le long de ses arêtes liquides. Des problèmes de ce genre pouvaient déjà être résolus de façon explicite au temps de Schwarz. Ce dernier découvrit en outre deux importants principes de symétrie d'une surface minimale par rapport à une ligne

(*) L'article de Schwarz fut présenté à l'Académie de Berlin en 1867. Il reçut le prix de cette Académie, et reste une merveille de la littérature mathématique, tant pour la perfection de son style que pour sa présentation impeccable. Bernhard Riemann avait résolu le problème dès 1861/1862, mais il n'avait pas publié ses résultats. Son disciple Hattendorff révisa le manuscrit et le publia en 1867, après la mort de son auteur.

Surface de Schwarz s'appuyant sur quatre
côtés d'un tétraèdre régulier. Le contour est
ici fait de quatre lignes droites.

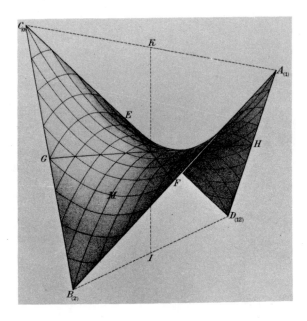

droite ou à un plan. Ces deux principes permettent de construire des surfaces minimales de grande dimension à partir de petits éléments. Voici l'énoncé de ces propriétés :

RÈGLE 3. Si une portion de la frontière d'une surface minimale M s'appuie sur une ligne droite, l'image symétrique M^* de cette surface par rapport à cette ligne est également une surface minimale ; de plus, la réunion de M et de M^* forme aussi une surface minimale.

RÈGLE 4. Si une surface minimale M rencontre un plan à angle droit, son image symétrique M^* par rapport à ce plan est une surface minimale ; la réunion de M et de M^* forme une surface minimale régulière.

Considérons maintenant une surface minimale M dont le bord consiste en plusieurs morceaux s'appuyant sur des droites et des plans qui rencontrent M à angle droit. En appliquant les règles 3 et 4, nous obtenons une nouvelle surface à partir de la surface M qui est prise comme élément de base. La nouvelle surface est une surface minimale régulière et sa frontière (comme celle de M et de toutes ses images par réflexion) consiste en un nombre fini de parties qui s'appuient sur des lignes droites et sur des plans rencontrant la surface à angle droit. Le processus d'extension peut donc se poursuivre : chaque image de l'élément de base peut être considérée comme une nouvelle unité de base à laquelle peuvent s'appliquer les deux principes de symétrie.

L'extension s'arrête lorsqu'il ne reste plus de frontière du type requis par les règles 2 et 3. Si, par exemple, l'élément de base est un demi-plan on ne peut effectuer qu'une symétrie. On peut cependant prouver que si l'*élément de base est borné, le processus d'extension se poursuivra indéfiniment.*

En général, la surface minimale peut donc s'étendre indéfiniment par symétries successives. On peut s'attendre à ce qu'une telle surface se recoupe ; seules certaines chaînes de Schwarz très particulières bordent des surfaces minimales capables d'engendrer par réflexions une *surface minimale indéfiniment étendue qui ne se recoupe pas* : on les appelle des *surfaces minimales périodiques.*

Schwarz montra, dès 1867, que la surface minimale qui s'appuie sur le quadrilatère de la figure ci-dessous est l'élément de base d'une surface minimale périodique. La photographie en haut à gauche de la page suivante montre une portion de cette surface périodique. Ce modèle a été réalisé par le physicien américain Alan H. Schoen en 1968/1969.

Schwarz, et d'autres que lui, découvrirent de nouvelles surfaces périodiques minimales ; les photographies des deux pages suivantes en montrent quelques-unes.

Ce genre de structure présente un intérêt particulier pour les biologistes, car les cloisons qui séparent matière organique et inorganique dans le squelette des échinodermes (étoiles de mer, oursins et autres) ressemblent à certains types de surfaces minimales périodiques.

Portions de la surface périodique de Schwarz.

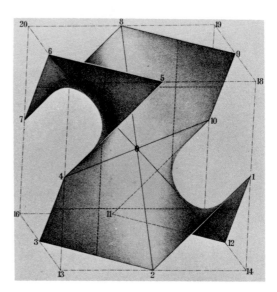

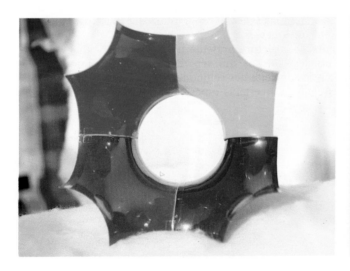

En haut à gauche : un modèle, réalisé par Alan Schoen, de la surface
minimale périodique de Schwarz s'appuyant sur un quadrilatère.
En haut à droite et en bas à droite et à gauche : modèles réalisés par
Alan Schoen de la deuxième surface minimale périodique de Schwarz.

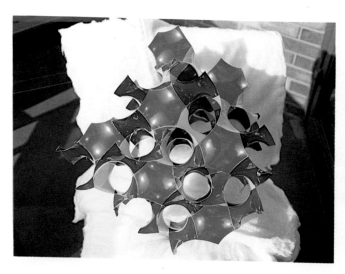

A gauche : un modèle de surface périodique minimale, découverte par le mathématicien finlandais Neovius, et réalisé par Alan Schoen.
A droite : un modèle de la surface de Schoen («gyroïde») réalisée par Alan Schoen.

Des toits et des tentes, conçus comme des surfaces minimales

Au cours des 30 dernières années, l'architecte Frei Otto et son équipe ont conquis une réputation méritée. Les édifices qu'ils ont réalisés ne sont pas des constructions au sens classique du terme, mais ressemblent plutôt à des espèces de tentes. A l'Exposition Universelle de Montréal en 1967, le pavillon allemand se présentait comme une sorte de paysage extraterrestre, constitué d'une nappe de hauteur variable. Des mâts soutenaient les points élevés du bord, tandis que les points bas de la nappe étaient fixés au sol. Celle-ci était faite d'un matériau transparent tendu sur un filet de soutien en fils d'acier, relié aux têtes de mât et aux points d'ancrage par un système de bordures, d'arêtiers, de boucles fermées en œil, fait de câbles métalliques. Les «boucles en œil» (dont l'importance sera expliquée un peu plus loin) étaient elles-mêmes recouvertes d'un plastique transparent.

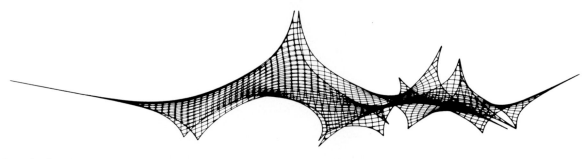

Toit du stade olympique (Munich 1972).

Vue intérieure du stade olympique.

Le toit du stade olympique de Munich offre un autre exemple célèbre. Cette construction a l'allure d'une tente composée de filets en forme de selle, comportant deux points de suspension, deux mâts supports, divers points d'ancrage et un unique câble de bordure frontale, long de 435 mètres. Le filet est en matière acrylique transparente. Les mâts d'acier font 58 mètres et le toit a une portée maximale de 65 mètres. Les toits du stade athlétique et de la piscine olympique sont deux autres constructions du même type.

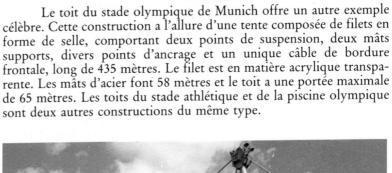

Toit du stade athlétique (Munich 1972) avec cinq portions principales faites de surfaces minimales dont le bord contient huit unités de boucles en œil, deux points de suspension, deux points centraux secondaires, huit points de support et 29 points d'ancrage. Portée maximale 135 mètres, hauteur maximum 55 mètres.

Vue extérieure de l'arène athlétique olympique.

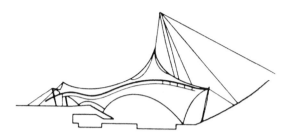

Toit de la piscine olympique (Munich 1972) comportant une surface minimale avec un point de suspension et 13 points de stabilisation et d'ancrage. Portée maximale 85 mètres, hauteur 50 mètres.

Vue extérieure de la piscine olympique.

Si les toits de Frei Otto ont l'allure de tentes, ce n'est pas par hasard. Il s'agit dans les deux cas de structures légères, conçues pour être économiques et mettre en œuvre une quantité minimale de matériaux. Elles doivent de plus être facilement montées, démontées et transportées. Enfin la principale force qui agit sur ces structures est un *effort de tension*, tandis que les mâts et les arcades supports subissent une *compression*.

Ce genre de structure diffère donc, de façon essentielle, de la plupart des constructions classiques, où on emploie d'énormes quantités de matériaux superflus. Déplacer une construction classique pose des problèmes considérables : les matériaux mis en œuvre, briques et pierres, résistent à la compression mais pas à la traction ; pour éviter le gondolement ou la flexion on utilise de grandes quantités de matériaux supplémentaires, d'où gaspillage et accroissement des coûts.

Nous avons vu que la nature offre un moyen commode de déterminer la forme optimale des surfaces qui s'appuient sur un contour donné : il suffit de considérer les films de savon s'appuyant sur la frontière donnée. Si le film ne se rompt pas spontanément, c'est qu'il est en équilibre stable ; il matérialise alors une surface d'aire minimale. Frei Otto et ses collaborateurs se sont essentiellement servis de films de savon pour concevoir les architectures. Après de très nombreuses expériences ils ont déterminé des formes élégantes, transposables dans des constructions réelles. Plateau et bien d'autres connaissaient déjà les principes appliqués dans la plupart de ces expériences, mais Frei Otto introduisit de subtiles variantes dans la géométrie des contours frontières et obtint de nouvelles formes superbes. Il utilisa un fil de l'épaisseur d'un cheveu, fixé aux extrémités d'aiguilles ou de bâtonnets enfoncés dans les trous d'une plaque de plexiglas *(photographie ci-dessous)*. Si l'on trempe ce système dans une solution savonneuse, puis qu'on le retire, le film de savon tendra les fils et aura une aire minimale. Si les aiguilles support ont des hauteurs différentes, on voit apparaître une jolie surface en forme de tente.

Pour traduire en formes architecturales ces modèles faits de films de savon, il faut les photographier et les mesurer avec soin. On réalise ensuite des maquettes assez solides pour pouvoir être essayées dans des tunnels d'essais aérodynamiques. On est ainsi renseigné, grâce à des appareils de mesure spéciaux, sur les efforts engendrés par le vent et la neige. Dans la construction réelle, des câbles d'acier hautement résistants remplacent le fil ultra-mince qui portait le film de savon ; les toiles sont généralement réalisées en matériaux synthétiques.

Voici un procédé qui permet d'obtenir des effets esthétiques intéressants. Prenez un fil, en forme de courbe fermée plane, attaché à un manche ; plongez-le dans la solution puis retirez-le pour obtenir un film plan. Placez ensuite une petite boucle de fil souple sur ce film, sur lequel elle reposera, sans forme et sans tension. A l'aide d'une petite tige, sans toucher à la partie extérieure du film, on perce délicatement celui-ci à l'intérieur de la boucle. Le film de savon cherche à réduire sa surface et étire la boucle jusqu'à la tendre en forme de cercle *(voir les figures en haut de la page suivante)*. La boucle s'appuie en un point *P* par une aiguille reposant sur le sol. Si l'on abaisse cette aiguille *(photographie en bas de la page suivante)*, la boucle cesse d'être plane et devient une courbe dans l'espace ; cette courbe régulière

Film de savon bordé par un système de fils.

Boucle de fil reposant sur une surface minimale en forme de disque : *A* le fil n'est pas tendu ; *B* le fil est tendu.

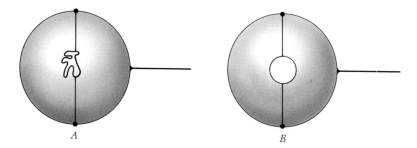

Un fil circulaire borde une surface minimale plane.

Un œil obtenu avec un fil tiré verticalement.

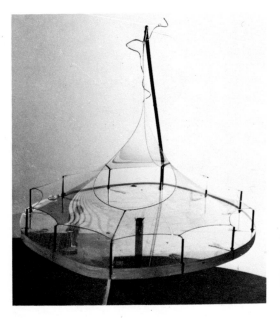

Institut des structures légères de Stuttgart:
(en haut à gauche) maquette, (en haut à
droite) réseau de soutien, (en bas à droite) la
construction achevée.

aura une courbure constante sauf au point P et aux endroits où des parties de la boucle resteront collées entre elles. Le film de savon bordé, d'une part, par sa frontière externe et, d'autre part, par «l'œil» que forme la boucle, n'est plus désormais une surface plane; sa forme fournit à l'architecte un modèle stable. Les photographies de la page de gauche montrent comment fut conçu l'Institut Frei Otto à Stuttgart. Le contour externe du modèle est formé de fils attachés à des aiguilles enfoncées dans la plaque de base. Une sorte de potence soutient une boucle à laquelle s'attache le film de savon. Dans la construction définitive les fils sont remplacés par des câbles d'acier; l'œil de la boucle est recouvert de plastique transparent, ce qui permet au jour d'inonder l'intérieur d'une lumière qui s'ajoute à celle provenant des fenêtres du rez-de-chaussée.

Les principes de conception et de construction du toit du stade olympique de Munich et de celui du pavillon allemand de Montréal sont maintenant faciles à comprendre. Plusieurs mâts supports (au lieu d'une potence unique) et donc plusieurs boucles en forme «d'œil» contribuent à l'élégance subtile du toit en forme de tente. Outre les boucles de suspension en forme d'œil, interviennent d'autres éléments supports: des crêtes, des bosses, des cordes *(voir les figures en bas de page)*.

Éléments de structure des constructions légères.

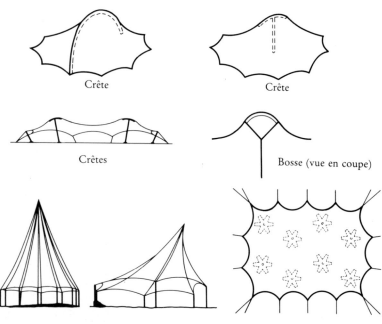

Crête

Crête

Crêtes

Bosse (vue en coupe)

Cordes de soutien

Bosses (vue de dessus)

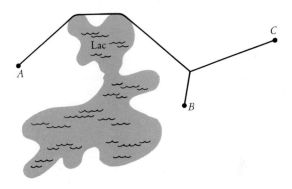

Généralisation du problème de Steiner : système routier de longueur minimum dans un paysage comprenant un lac.

On sait bien et on vérifie facilement qu'on peut pousser un film de savon avec un objet arrondi, un doigt par exemple, mais pas avec une aiguille, qui le percerait aussitôt. Une lame de couteau ou un fil fin permettent pourtant aussi de soutenir ce film. On peut alors chercher à définir les objets susceptibles de soutenir un film de savon et déterminer *l'ensemble de coïncidence*, c'est-à-dire ensemble des points où le support touche le film de savon.

Les problèmes de ce genre (on les appelle *problèmes avec obstacles*) ont fourni aux mathématiciens un fructueux terrain de recherches ; celles-ci ont conduit au développement de techniques nouvelles et pleines d'intérêt dans le calcul des variations. Ce travail est certainement utile. Si, par exemple, on cherche à relier plusieurs villes entre elles par un système de routes de longueur totale minimale et si ces routes doivent éviter certaines zones (lacs, montagnes, parcs nationaux, etc.), on affronte un problème de Steiner généralisé qui doit tenir compte de ces obstacles *(voir la figure ci-dessus)*. La recherche d'un optimum, sous de telles contraintes, constitue un des problèmes les plus importants des mathématiques appliquées. Nous avons d'ailleurs déjà rencontré un problème d'obstacle d'un autre type lorsque nous avons considéré le cas des surfaces minimales comportant un bord libre.

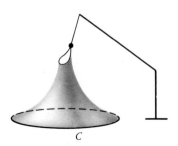

Jusqu'à quelle hauteur peut-on étirer le film en le soulevant par une boucle ?

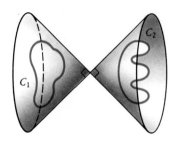

L'existence de deux cônes assure qu'on ne peut relier les boucles par un film de savon.

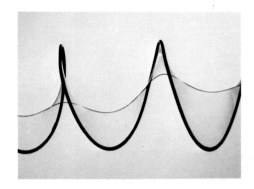

Hélice avec un fil.

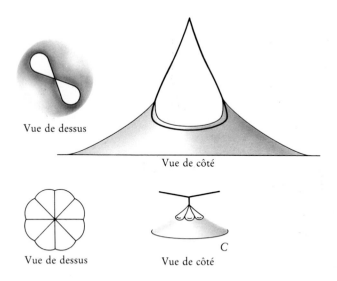

Vue de dessus

Vue de côté

Vue de dessus

Vue de côté

Surfaces minimales possédant des boucles en forme d'œil convergeant en un même point.

Plusieurs problèmes relatifs aux expériences de Frei Otto, dites « expériences à fils » n'ont reçu que des solutions expérimentales. Quel est par exemple le point le plus élevé que peut atteindre un film lorsqu'on le soulève par une boucle en forme d'œil à partir d'un contour plan initial *(voir la figure en haut à gauche)* ? Nous avons vu qu'un film de savon ne peut pas rejoindre deux courbes C_1 et C_2 trop éloignées l'une de l'autre : en fait, c'est impossible lorsqu'on peut séparer ces deux courbes par un cône circulaire dont les génératrices sont perpendiculaires *(voir la figure au milieu de la marge ci-contre)*. A partir de la longueur de la boucle et de la position du contour externe C, on peut déduire facilement une limite supérieure de la hauteur de l'œil au-dessus du sol dans la figure en haut à gauche ; nous ne connaissons pas cependant la configuration de la solution.

On peut aussi attacher en un même point de suspension plusieurs boucles *(voir la figure ci-dessus)*, ou encore fixer un fil aux extrémités d'un arc donné. Un film de savon viendra s'appuyer sur le fil de façon à minimiser l'aire ; ce fil formera une courbe à courbure constante dans sa partie libre. La photographie à gauche montre un film de savon que borde un fil de fer en hélice et un autre fil fixé à l'hélice en certains points.

6

Conception optimale

Le philosophe grec Proclus (Vᵉ siècle avant J.-C.) écrivait: «*Le
cercle est la première, la plus simple et la plus parfaite de toutes les
figures.*» La symétrie parfaite du cercle et sa remarquable propriété
isopérimétrique justifient cette affirmation. Didon avait déjà découvert que le cercle est la courbe d'aire maximale pour un périmètre
donné.

Nous n'avons pas encore abordé la démonstration de ce théorème. Voici le raisonnement que Jakob Steiner proposa en 1836.

Le problème isopérimétrique

Supposons tout d'abord que ce problème comporte une solution. Il existe donc *une courbe fermée* C *qui délimite une surface
d'aire maximale pour un périmètre donné*. Nous voulons démontrer
que cette courbe est un cercle. Montrons d'abord que cette courbe est
convexe, c'est-à-dire que tout segment reliant deux points intérieurs à
C est entièrement contenu à l'intérieur de cette courbe *(voir les figures
A et B de la page qui suit)*. Si C n'était pas convexe, il existerait deux
points P'' et Q'' sur C tels que C serait d'un même côté par rapport
à une droite L passant par P'' et Q'', de telle sorte que les points de
L situés entre P'' et Q'' soient extérieurs à la courbe *(voir la figure
C)*. Nous pourrions alors construire une courbe *(figure D)* qui aurait

Un cristal de calcite jumelé, provenant de la
mine d'Elmwood, dans le Tennessee.

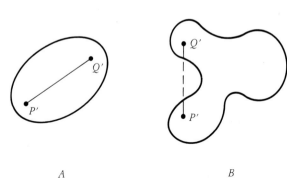

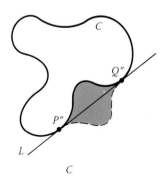

A   B   C   D

A. Une courbe convexe.
B. Une courbe non convexe.
C. Si *C* n'est pas convexe nous pouvons, par symétrie par rapport à *L*, construire la courbe *C** de la figure *D*. Cette nouvelle courbe, de même longueur que *C*, délimite une aire supérieure à celle de *C*.

le même périmètre que *C* mais une aire plus grande. Or ceci contredirait l'hypothèse initiale selon laquelle *C* enclôt une aire maximale. La courbe *C* est donc bien convexe.

Prenons maintenant deux points *R* et *S* sur la courbe convexe *C*, choisis de façon à diviser *C* en deux arcs *C'* et *C''* d'égale longueur. La ligne droite *RS* divise l'intérieur de *C* en deux parties *B'* et *B''* *(figure en bas à gauche)* d'aire égale : en effet, si l'aire de *B'* était supérieure à celle de *B''*, le domaine symétrique de *B'* par rapport à *RS (figure à droite ci-dessous)* constituerait avec *B'* une surface de même périmètre que *C* et de superficie plus grande, contrairement à l'hypothèse que *C* est la courbe extrémale. Les domaines *B'* et *B''* ont donc des aires égales.

Pour démontrer que *C* est un cercle, il reste à montrer que *C'* et *C''* sont des demi-cercles : là aussi nous allons partir de l'hypothèse contraire et mettre en évidence une contradiction.

Supposons que *C'* ne soit pas un demi-cercle. D'après un théorème classique de Thalès, il existe alors sur *C'* un point *A* où l'angle α du triangle *RAS n'est pas égal à 90 degrés.* Imaginons maintenant qu'une charnière placée en *A* permette de faire tourner les côtés *AR* et *AS*, et qu'on puisse faire coulisser les points *R* et *S* sur une même barre rigide. On fait varier ainsi l'angle en *A* sans déformer les

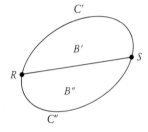

Une courbe convexe divisée par deux points *R* et *S* en deux arcs de même longueur.

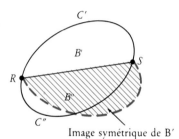

Image symétrique de B'

Symétrisation d'une courbe convexe.

Une astuce mécanique permet d'achever la
démonstration de la propriété isopérimétrique
du cercle.

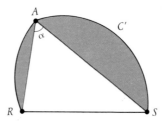 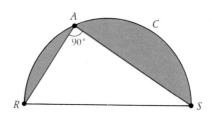

lunules *(colorées en bleu sur la figure ci-dessus)* qui s'appuient sur
chacun des deux côtés. Nous pouvons ainsi rendre droit l'angle en A
et augmenter l'aire du triangle RAS. (Cette aire est en effet égale à la
moitié du produit des longueurs AR et AS par le sinus de l'angle α qui
est maximal quand α est droit.) La nouvelle surface, réunion des deux
lunules et du triangle, a ainsi une aire maximale, plus grande que celle
de la figure initiale C'. Comme l'aire de B' est la moitié de l'aire
totale, si on associe la nouvelle surface avec son image réfléchie par
rapport à RS, la figure obtenue a le même périmètre que C' et une aire
plus grande. La courbe C ne délimiterait donc pas une aire maximale
pour un périmètre donné, ce qui contredit l'hypothèse initiale : C' et
C'' sont donc des demi-cercles et C est un cercle car C' et C'' ont
même longueur donc même rayon.

Le problème isopérimétrique a donc une seule solution : le
cercle. Steiner considérait que la démonstration était terminée à ce
stade du raisonnement, mais on rapporte que son collègue Dirichlet
essaya vainement de le convaincre qu'elle était incomplète. Nous
avons vu que l'existence d'une solution à un problème de géométrie,
même «raisonnable», n'a rien d'évident ; parfois, il n'y a pas de
solution ; dans le cas présent il y en a une (sa démonstration sort
cependant du cadre de ce livre). On peut donc affirmer que *le cercle
délimite une aire maximale parmi toutes les courbes fermées ayant le
même périmètre.*

On peut tirer de ceci une conclusion intéressante. Considérons
une courbe fermée arbitraire C de périmètre L, délimitant une région
d'aire A. Soit r le rayon du cercle de périmètre L ($L = 2\pi r$). L'aire de
ce cercle est πr^2, valeur supérieure à A, ou égale à A seulement si C
est un cercle. On peut, d'autre part, écrire :

$$\pi r^2 = 1/4\pi \, (2\pi r)^2 = 1/4\pi \, L^2$$

et on obtient ainsi la célèbre *inégalité isopérimétrique* :

$$A \leqslant 1/4\pi L^2$$

qui relie le périmètre L d'une courbe plane fermée arbitraire et l'aire
de cette courbe ; l'égalité n'intervient que lorsque C est un cercle.

De cette inégalité on tire le théorème suivant :

Parmi toutes les figures planes de même superficie, le disque est celle dont le périmètre est minimal.

Supposons en effet qu'une figure plane ait la même aire A qu'un disque de périmètre L^* et que son périmètre soit plus petit que L^*. L'aire commune est donc celle du cercle de périmètre L^*, c'est-à-dire $A = L^{*2}/4\pi$. Comme L est inférieur à L^*, on a $A > L^2/4\pi$. Le disque de périmètre L a donc une aire inférieure à celle délimitée par la figure, ce qui est impossible à cause de la propriété isopérimétrique.

Ce théorème donne une autre formulation de la propriété isopérimétrique du cercle. Il explique aussi pourquoi, à la surface d'un bouillon, les gouttes d'huile sont rondes et non triangulaires ou hexagonales. Les forces moléculaires façonnent en effet une figure de périmètre minimal — c'est-à-dire d'énergie potentielle minimale pour la quantité d'huile donnée — c'est donc un disque. Si deux gouttes se rencontrent, elles s'agglutinent rapidement pour former un seul disque, de plus grande taille.

On ne sera pas surpris que le disque ait d'autres propriétés optimales, par exemple d'être *parmi toutes les figures planes de superficie donnée, celle qui peut servir de base au plus gros tas de sable.* C'est une information précieuse pour construire un château de sable sur la plage.

La théorie de la résistance des matériaux nous propose un problème analogue. *Quelle est la section droite d'une colonne parfaitement élastique qui résiste au couple de torsion le plus élevé ?* Là aussi, la réponse est un cercle.

Le physicien britannique Lord Rayleigh a signalé encore une autre propriété remarquable du disque. Elle a trait au son produit par une membrane lorsque, par exemple, on bat le tambour. On sait que la fréquence fondamentale d'une membrane est d'autant plus basse que son aire est plus grande. Parmi toutes les membranes planes de même aire, quelle est celle qui a la fréquence propre la plus basse ? Ou encore *quel tambour, parmi tous les tambours d'une superficie donnée, donnera la note la plus basse ?* Rayleigh, en 1877, conclut de ses expériences que la réponse était un tambour circulaire. Il fallut attendre près d'un demi-siècle (Faber et Krahn en 1923/1924) pour démontrer ce résultat.

De façon analogue, *parmi toutes les plaques encastrées sur leur bord et d'aire donnée, celle qui aura la fréquence propre la plus basse est circulaire.*

Le domaine de l'acoustique fournit bien d'autres applications intéressantes du calcul des variations. On peut même considérer la théorie des notes pures, domaine d'élection de la physique pythagoricienne, comme une branche du calcul des variations.

Boules et bulles

Pour un mathématicien, une boule est un solide dont la surface est une sphère. C'est un corps parfaitement rond, semblable de toutes parts. Si la boule est homogène, son centre géométrique coïncide avec son centre de gravité. De ce fait, sa position d'équilibre sur un plan horizontal est indifférente. La boule reste au repos quelle que soit sa position, mais la moindre impulsion la fait rouler. On n'est jamais sûr de la direction qu'elle va prendre car la moindre inégalité du sol peut la faire tourner. Aussi est-elle devenue l'un des attributs de la capricieuse Fortune.

La bulle de savon est un autre attribut de cette déesse. Dans son mouvement éphémère dans les airs, elle illustre le principe de Bernoulli sur le travail virtuel. Nous avons vu que cette loi affirme que l'équilibre est stable lorsque l'énergie potentielle est à un minimum. Une bulle contient une certaine quantité d'air, enfermée par une surface d'aire minimale : le film de savon. Cette propriété physique illustre le théorème d'après lequel, *parmi tous les solides d'un volume prédéterminé, la boule a la surface d'aire minimale.* Elle généralise à l'espace la propriété isopérimétrique du cercle dans le plan.

De même, des gouttes d'huile en suspension dans un liquide de même densité (ou quasiment soustraites, dans l'espace, aux forces de gravité) forment des boules parfaites. Ce fait peut être vérifié expérimentalement et le théorème correspondant a été démontré de façon rigoureuse.

Le mathématicien suédois Torsten Carleman montra en 1919 que la boule était la seule figure d'équilibre pour un liquide soumis aux seules forces de gravitation internes. Lorsqu'il s'agit de masses énormes, ces forces sont très puissantes et on peut négliger les autres forces, telles que la tension superficielle. Supposons que les planètes aient été formées par des masses liquides qui se sont solidifiées en se refroidissant ; on voit que la boule est la seule forme d'équilibre qu'elles aient pu prendre. La situation est différente si le corps céleste tourne sur lui-même, comme c'est le cas de la Terre, des autres planètes et de leurs satellites. Nous verrons cela plus loin.

Une boule de rayon r a pour volume $V = 4/3\ \pi r^3$ et pour superficie $S = 4\ \pi r^2$. On a donc $36\ \pi V^2 = S^3$. Par un raisonnement analogue à celui que nous avons utilisé pour l'inégalité isopérimétrique, nous pouvons en déduire l'inégalité :

$$V^2 \leqslant 1/36\pi S^3$$

dans laquelle V est le volume d'un solide arbitraire et S sa superficie, l'égalité n'étant vérifiée que par la sphère. Nous avons ainsi obtenu la

La *Petite Fortune* d'Albrecht Dürer.

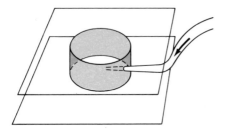

Échangeur d'ions, fait d'un matériau, naturel ou synthétique, qui peut échanger des ions avec son environnement. On peut par exemple adoucir l'eau en lui ôtant des ions de calcium, de magnésium et de carbonate.

Démonstration à l'aide d'un film de savon de la propriété isopérimétrique du cercle.

version spatiale de l'inégalité isopérimétrique. D'où la propriété maximale suivante : *Parmi tous les solides de superficie donnée, la boule est celui dont le volume est le plus grand.*

On peut transformer la recherche de la surface d'aire minimale enfermant un volume donné, en ajoutant des conditions sur le bord. Quel est, par exemple, le solide ayant le plus grand volume pour une superficie donnée, si on ne compte pas la portion de surface frontière qui coïncide avec un plan ? On peut invoquer des arguments de symétrie pour montrer que la solution est une demi-sphère.

Voici un problème voisin. Soit un solide, tenu entre deux plans parallèles. Appelons *aire réduite* de ce corps la partie de sa superficie qui ne se trouve pas située dans l'un ou l'autre plan. *Pour une valeur donnée de cette aire réduite, quel est le solide de volume maximal délimité par les deux plans, ou encore quel est le solide, placé entre les deux plans et ayant un volume prédéterminé, dont la surface d'aire réduite est la plus petite possible ?*

On peut traiter ce problème expérimentalement en soufflant une bulle de savon entre deux plaques de verre parallèles et préalablement mouillées. On commence par une bulle hémisphérique posée sur l'une des plaques. Si on continue à souffler, la bulle grandit et finit par toucher l'autre plaque. Elle se transforme alors en un cylindre circulaire, perpendiculaire aux plaques qu'il coupe selon des cercles *(voir la*

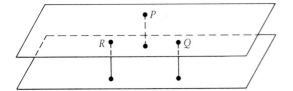

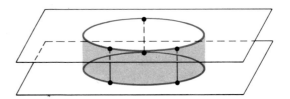

L'exemple d'une bulle de savon cylindrique, placée entre deux plaques reliées par trois tiges de longueur égale, permet de démontrer la relation qui existe entre le problème de Steiner et la propriété isopérimétrique du cercle.

figure en marge de la page précédente). En employant le raisonnement que nous avons utilisé pour résoudre expérimentalement le problème de Steiner, nous pouvons conclure de cette observation que le cercle est la courbe la plus courte qui enferme une superficie donnée. Nous savons déjà que cette propriété équivaut à la propriété isopérimétrique du cercle.

Ce type d'expérience va nous permettre de rapprocher le problème de Steiner du problème isopérimétrique. Soit deux plaques reliées par trois tiges parallèles, de longueurs égales et perpendiculaires au verre. Soufflons à l'aide d'une paille une bulle cylindrique, entre les deux plaques mouillées, de façon que le film de savon s'appuie sur les trois tiges *(figure en haut à droite).*

Retirons ensuite, lentement, l'air de cette bulle. Celle-ci se transforme alors progressivement et passe par des configurations différentes, jusqu'à devenir un système de trois films perpendiculaires aux plaques. Les figures en bas de page illustrent la suite des configurations des arêtes liquides des films perpendiculaires aux plaques. On voit que ce processus établit une liaison entre le problème isométrique et celui de Steiner. Il faut noter que dans chaque cas les arêtes liquides sont soit des segments de droite, soit des arcs de cercle, car les films restent plats ou cylindriques.

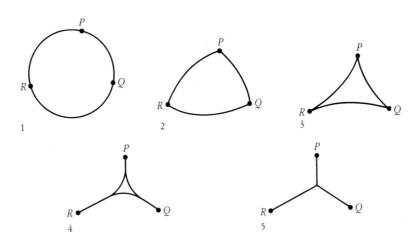

La configuration d'une bulle cylindrique change lorsqu'on retire progressivement l'air piégé à l'intérieur.

Tom Noddy crée une bulle quasi cubique à
l'intérieur d'une grappe de bulles.

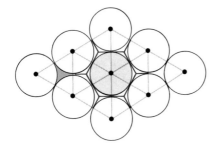

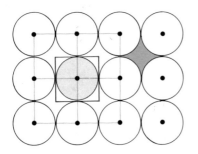

L'arrangement hexagonal de disques (par
exemple des pièces de monnaie) minimise
l'encombrement. On peut ici le comparer à un
arrangement en carré *(figure du bas)*.

Essayons maintenant de disposer sur une plaque des cylindres circulaires identiques, de façon à en faire un faisceau aussi serré que possible. Nous obtiendrons un arrangement en hexagone, car c'est l'assemblage le plus compact de cercles de même taille (la première illustration, en marge de gauche, montre que le cercle central touche six des cercles qui l'entourent). Voici une raison de plus pour laquelle on rencontre aussi souvent l'hexagone, l'angle de 120 degrés et la forme en *Y* dans la nature.

De façon analogue, des boules identiques, bien serrées entre deux plaques, forment un arrangement hexagonal. Si ces boules sont des cellules vivantes identiques qui tendent à se dilater autant que possible, elles se rassembleront selon un réseau hexagonal : c'est bien ce que l'on observe lorsque les cellules se développent, ou lorsqu'intervient une pression extérieure uniforme.

On peut obtenir d'une façon tout à fait différente le même arrangement hexagonal en soufflant entre deux plaques de verre des bulles de savon de même taille. Elles se grouperont rapidement en un système de films de savon dont les arêtes liquides se raccorderont entre elles selon des angles de 120 degrés et formeront avec les plaques supports des angles de 90 degrés conformément aux règles 1 et 2. Il n'y a pas de différence de pression entre deux cellules adjacentes, car elles sont de même taille ; les films qui les séparent ont donc une courbure moyenne nulle : en fait, ce sont même des surfaces planes.

Un quasi-dodécaèdre à l'intérieur d'une grappe de bulles.

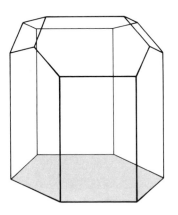

La cellule de Fejes Tóth.

Dans l'arrangement de cellules hexagonales ainsi réalisé, seuls les films de la frontière extérieure sont cylindriques, car ils sont soumis à la différence de pression entre l'intérieur de la cellule et l'extérieur *(voir la photographie en marge)*.

On voit donc qu'un arrangement hexagonal peut résulter de causes diverses; la configuration d'aire minimale peut naître sous l'action de forces très différentes, telles que par exemple une pression uniforme ou une tension superficielle. *L'observation d'une configuration ne permet donc pas de déduire quelles forces l'ont engendrée.*

Le naturaliste D'Arcy Thompson raconte pourtant dans *Forme et croissance* que certains savants ont cherché à expliquer la structure géométrique des ruches. Le nid d'abeilles est en effet l'un des arrangements hexagonaux les plus spectaculaires. Les écrits de Pappus nous apprennent que les Grecs avaient déjà essayé d'expliquer la régularité des cellules d'abeilles en invoquant un principe d'optimum. Réaumur (1683-1757) pensait lui aussi que l'abeille construisait les alvéoles de façon à économiser la cire. Il soumit son idée à Samuel Koenig, qui fut plus tard un adversaire de Maupertuis. Partant de l'hypothèse d'optimum de Réaumur, Koenig obtint par déduction des angles de 120° et de 109°26′ : ceci semblait tout à fait en accord avec les mesures faites sur les alvéoles. Là-dessus Fontenelle, secrétaire de l'Académie française, déclara que, si les abeilles étaient dénuées d'intelligence, elles étaient néanmoins capables, *par l'inspiration et la volonté divine, d'appliquer aveuglément les mathématiques les plus raffinées.* D'Arcy Thompson commenta ce point de vue en disant qu'il était plus conforme à la raison de supposer que *la régularité de l'architecture des abeilles était due à quelque effet automatique des forces de la physique,* plutôt que d'aller imaginer que *l'abeille a une quelconque intention d'économiser la cire.*

Mais tout ceci suppose que les abeilles ont effectivement trouvé la solution optimale. Est-ce vraiment le cas? Le mathématicien hongrois Fejes Tóth publia en 1964 un article intitulé *Ce que les abeilles savent, et ce qu'elles ne savent pas,* dans lequel il considérait une structure en « nid d'abeilles » définie comme un ensemble de polyèdres convexes congruents, les « cellules » remplissant l'espace compris entre deux plans parallèles, sans recouvrement ni interstice, de telle façon que: *1)* chaque cellule ait une façade (appelée base, ou ouverture, appuyée sur l'un des deux plans et que *2)* chaque paire de cellules soit congruente de façon à ce que leurs « bases » se correspondent entre elles.

Les abeilles construisent des cellules en forme de prismes, dont les ouvertures (et les sections droites) sont des hexagones réguliers, tandis que les fonds sont faits de trois losanges égaux *(voir le schéma D de la page suivante).* Les ouvertures hexagonales des cellules se situent dans l'un ou l'autre des deux plans. On peut se demander si le fond en zigzag est bien la forme la plus économique qui soit. (De toute façon, elle est plus avantageuse qu'une forme plane.)

A. Nid d'abeilles.
B. Coupe en long.
C. Coupe transversale.
D. Une cellule isolée.

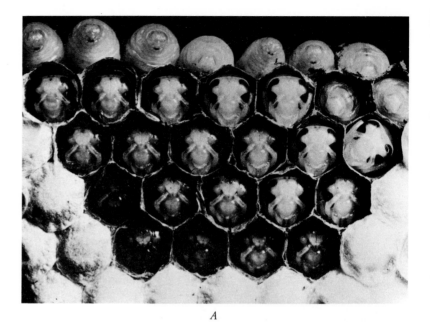

A

 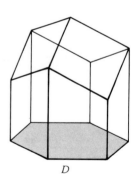

B   *C*   *D*

      Voici, d'après Fejes Tóth, la formulation précise du *problème isopérimétrique pour les nids d'abeilles* :

      Étant donné deux nombres *V* et *W*, déterminer un nid d'abeilles d'épaisseur *W*, dont les cellules ont une surface d'aire totale minimale et renferment le volume *V*. (*W* est l'écartement entre les deux plans parallèles qui bornent le nid d'abeilles).

Entassement de bulles de savon.

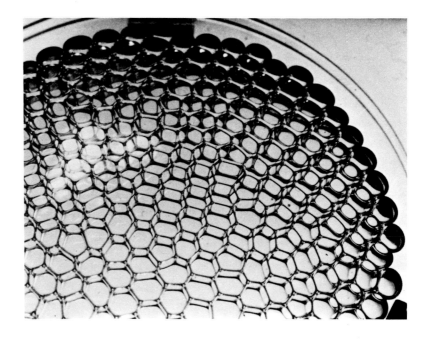

La solution de ce problème n'a pas encore été trouvée. On sait cependant que ce n'est pas la cellule de l'abeille. Fejes Tóth a trouvé, en effet, une autre forme de cellule qui donne un résultat légèrement plus satisfaisant. Le fond de cette cellule consiste en deux hexagones et deux losanges *(voir le schéma page 139)*. Le gain réalisé est inférieur à 0,35 pour cent de la surface d'une ouverture (et à un pourcentage beaucoup plus faible de l'aire totale de la cellule). On peut donc considérer que les abeilles font un bon travail, même s'il n'est pas parfait ; compte tenu de la marge d'erreur, il est bien possible que leur performance concrète soit optimale.

Revenons aux diverses configurations obtenues avec les films de savon, les bulles et la combinaison de ces films et de ces bulles, lorsqu'elles s'appuient sur des supports de formes diverses. On peut avoir recours à des fils métalliques, à des plaques de verre, ou à des surfaces liquides sur lesquelles s'appuient ou flottent les bulles. On peut aussi combiner surfaces supports, fils rigides et fils souples. Les illustrations des trois pages qui suivent montrent quelques exemples de ces réalisations.

Deux bulles sur une plaque.

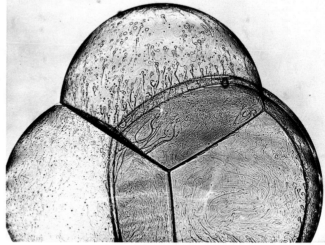

Quatre bulles.

Une «chenille» faite de sept bulles.

Venons-en maintenant au problème mathématique que pose la description d'une configuration de ce genre. Il s'agit de trouver la surface d'aire minimale s'appuyant sur un support donné et enfermant un volume déterminé. Les solutions réunissent des surfaces de courbure moyenne constante H. Les surfaces minimales ont une courbure moyenne nulle, tandis que les sphères et les cylindres ont des courbures moyennes constantes et différentes de zéro. *Les solutions du modèle mathématique consisteront donc en assemblages de surfaces ayant des courbures moyennes différentes.* Ces solutions seront les modèles des systèmes expérimentaux obtenus avec des films et des bulles de savon. Les surfaces minimales correspondent à des films soumis sur leurs deux faces à la même pression ; lorsque la pression diffère entre les deux faces, la courbure moyenne du film est donc différente de zéro.

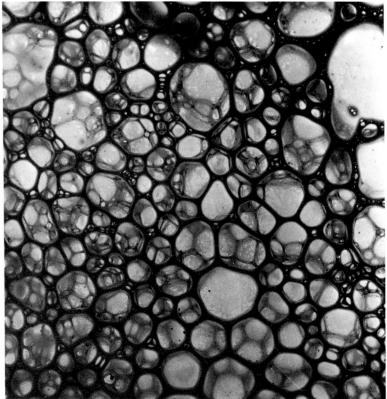

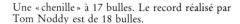

Une «chenille» à 17 bulles. Le record réalisé par Tom Noddy est de 18 bulles.

Un amas de bulles.

Il faut toutefois souligner la distinction entre modèles mathématiques et objets concrets ; un concept mathématique peut notamment décrire des êtres irréalisables par l'expérience, comme par exemple certaines surfaces instables de courbure moyenne constante (certaines caténoïdes,...). De même, une surface cylindrique devient instable lorsque sa longueur atteint et dépasse sa circonférence : on peut s'en convaincre expérimentalement, à condition d'être adroit *(voir la légende de la page 146)*. Considérons un film cylindrique tendu entre deux anneaux coaxiaux. Dès que ce film devient instable, il se décompose en deux bulles sphériques distinctes, de tailles différentes. L'instabilité des cylindres longs se démontre également grâce au modèle mathématique.

Ce phénomène a été découvert expérimentalement par Plateau, mais nous pouvons en trouver un équivalent dans la vie courante, lorsqu'un jet d'eau se brise en gouttelettes. Cette dispersion est très sensible aux perturbations créées par le champ électrique ou les ondes sonores. Dans un ouvrage classique intitulé *Les bulles de savon, leurs couleurs et les forces qui les façonnent*, le physicien anglais C.V. Boys décrit plusieurs expériences mettant en jeu jets d'eau et bulles de savon. Ce livre eut pour origine trois conférences prononcées en 1889/1890 par cet expérimentateur de génie, qui s'amusait à lancer sur les passants d'énormes anneaux de fumée de la fenêtre de son laboratoire.

Bulles sur un réseau de fils (le réseau est représenté sur le schéma de droite).

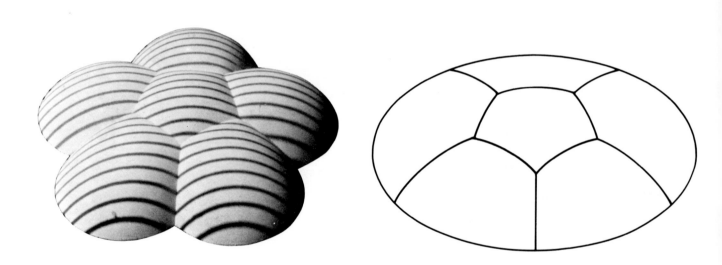

Un exemple aussi simple en apparence que la bulle sphérique suffit pour montrer la différence entre la réalité physique et le modèle mathématique. Il est évident que les bulles que l'on souffle en l'air (bulles lisses et sans bord artificiel) sont toujours des sphères. Et pourtant on ne savait pas encore en 1984 si *les sphères sont les seules surfaces, bornées et complètes, ayant une courbure moyenne constante* (un cylindre illimité est aussi une surface complète de courbure moyenne constante, mais il n'est pas borné puisqu'il se prolonge à l'infini dans les deux sens). La plupart des mathématiciens pensaient à l'époque que les sphères étaient les seules solutions du problème, d'autant que certains résultats partiels avaient pu être démontrés. On savait par exemple que les sphères étaient les seules surfaces *convexes*

A. Courbe fermée sans auto-intersection.
B. Courbe fermée avec auto-intersection.
C. Surface fermée sans auto-intersection.
D. Surface fermée avec auto-intersection.

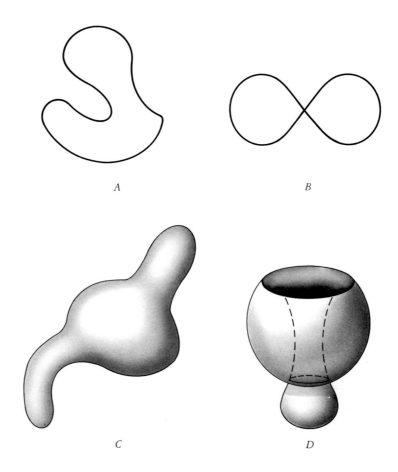

A

B

C

D

de courbure moyenne constante parmi toutes les surfaces bornées complètes. A.D. Alexandrov avait montré, de son côté, qu'une surface avec des anses, de genre fini et ne se recoupant pas (sans auto-intersection), ne peut pas avoir une courbure moyenne constante. Il restait à donner une démonstration complète et générale et considérer aussi les surfaces qui se recoupent. Dans cet esprit, Heinz Hopf a démontré que toute surface bornée, de genre zéro et sans bord, est nécessairement une sphère, même si elle se recoupe. Mais, très récemment, H. Wente a démontré que la conjecture initiale était erronée : il existe une surface bornée et complète, de genre un et de courbure moyenne constante, et elle se recoupe.

Bulles de savon entre deux anneaux coaxiaux.
Ce ne sont pas des cylindres, car elles sont
renflées au milieu *(voir pages suivantes l'explication
de ce phénomène)*. Pour avoir un cylindre à partir
de bulles renflées ou cintrées, il faut enlever ou
ajouter de l'air dans la bulle.

Surfaces de révolution à courbure moyenne constante

Les films et les bulles de savon ont pour modèles mathématiques des surfaces à courbure moyenne constante. Certaines de ces surfaces ont une symétrie de rotation : ce sont les *H-surfaces de révolution*. Plateau en avait dénombré six types différents : le plan et la caténoïde (de courbure moyenne nulle), la sphère, le cylindre, l'onduloïde et la nodoïde (de courbure moyenne différente de zéro). Le mathématicien français Delaunay montra, en 1841, que cette liste est complète et que la génération de ces surfaces obéissait à une règle simple. Soit un axe de rotation donné. Prenons une conique (ellipse, cercle, parabole ou hyperbole) et faisons-la rouler le long de l'axe. Chacun des foyers de la conique décrira une courbe : la *roulette focale*. Si l'on fait tourner cette roulette focale autour de l'axe de rotation, elle engendre l'une des six *H-surfaces de révolution*. La figure de la page suivante montre cinq de ces courbes génératrices.

Lorsqu'un cercle roule sur l'axe, son foyer décrit une droite parallèle à l'axe : la surface de révolution est un *cylindre*.

Lorsqu'une ellipse roule sur l'axe, chacun des foyers décrit une courbe ondulée qui engendre un *onduloïde* ; si les foyers sont proches, l'ondulation est faible, mais s'ils se rapprochent encore, la surface ressemble de plus en plus à un cylindre. Un segment de droite est une sorte d'ellipse dégénérée dont les deux foyers, aussi écartés que possible, se situent aux deux extrémités du segment. La roulette focale est alors une succession de demi-cercles, qui engendre par rotation une série de *sphères* identiques.

Si l'un des foyers de l'ellipse s'éloigne à l'infini, l'ellipse devient une parabole. La roulette focale est alors une chaînette, qui engendre une *caténoïde*.

Voyons enfin ce qui se passe pour l'hyperbole. Considérons que ses deux branches forment un ensemble rigide. Faisons rouler l'une des branches le long du côté supérieur de l'axe, en allant d'une asymptote (*) à l'autre vers la droite ; continuons vers la droite en faisant rouler l'autre branche, d'une asymptote à l'autre, le long du côté inférieur de l'axe. Lorsqu'on répète l'opération, chaque foyer décrit une courbe vers la droite. On peut, de façon analogue, étendre cette courbe indéfiniment vers la gauche. Nous obtenons ainsi une courbe continue, comportant une infinité de boucles, qui, par rotation autour de l'axe, engendrent une *nodoïde*.

On obtient un *plan* en faisant tourner autour de l'axe une droite qui lui est perpendiculaire. Cette droite D est la limite de demi-cercles dont le rayon tend vers l'infini sur D et dont l'épaisseur diminue jusqu'à s'annuler. La roulette focale de ces ellipses se rapproche indéfiniment de la droite D et par rotation autour de l'axe Δ on obtient un plan.

Courbes génératrices des *H*-surfaces de révolution. La roulette focale d'un cercle produit un cylindre, celle d'une ellipse produit une onduloïde, ainsi de suite.

Quelques *H*-surfaces de révolution (cylindres, onduloïdes, sphères).

(*) Une asymptote à une hyperbole est une droite dont les branches de l'hyperbole se rapprochent indéfiniment sans l'atteindre.

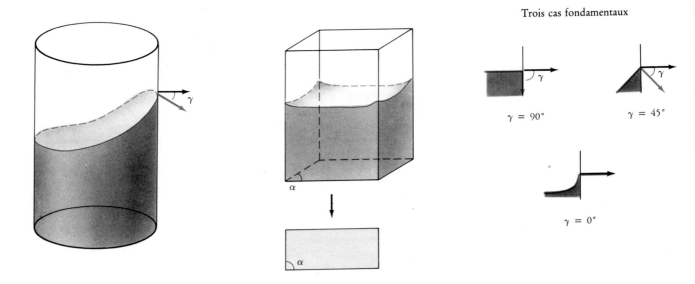

Trois cas fondamentaux

$\gamma = 90°$

$\gamma = 45°$

$\gamma = 0°$

Trois cas particuliers de l'angle de contact γ.

Comment prendre un bain dans un vaisseau spatial

D'après le principe du travail virtuel, nous avons vu que les films de savon sont faits de surfaces à courbure moyenne constante. Ce même principe entraîne que la surface libre d'un liquide non soumis à la pesanteur a également une courbure moyenne constante.

Pour éliminer la pesanteur, on peut envoyer dans l'espace le récipient contenant le liquide, ou le placer dans un ascenseur en chute libre : c'est cette dernière expérience qui a permis de vérifier les prévisions des mathématiciens.

L'absence de pesanteur crée de curieuses difficultés aux astronautes. Comment, par exemple, peuvent-ils prendre un bain ? S'ils s'aspergent d'eau, il leur faut ensuite recueillir les gouttelettes flottantes disséminées dans la pièce. Mais il y a pire : une baignoire risque de ne pas retenir un liquide « mouillant » (le verbe mouiller concerne ici les tensions existant au contact des parois de la baignoire). La surface du liquide mouillant fait un angle de contact déterminé γ (de 0 à 90 degrés) avec la paroi du récipient *(voir l'illustration en haut de la page)*. Supposons que le récipient ait un fond horizontal et des parois

Expérience effectuée à la tour de chute libre de la NASA. Le liquide grimpe le long des parois du récipient (α = 60°, γ = 25°).

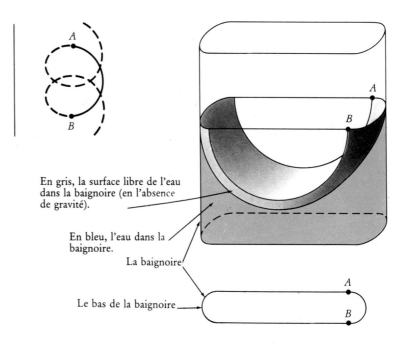

En gris, la surface libre de l'eau dans la baignoire (en l'absence de gravité).

En bleu, l'eau dans la baignoire.

La baignoire

Le bas de la baignoire

La baignoire pour astronaute : *AB* est la ligne de contact entre l'eau et la paroi (roulette focale d'hyperbole).

Une goutte de pluie en train de tomber.

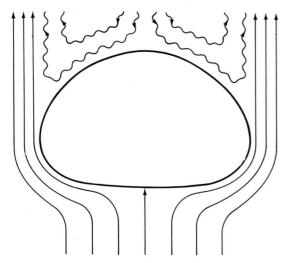

verticales (les coupes horizontales sont toutes semblables). Supposons encore que les parois se raccordent par des arêtes droites et soit α l'angle intérieur entre ces arêtes. Dans ces conditions, le liquide mouillant ne reste pas en équilibre dans le récipient si α/2 + γ < 90°, et l'astronaute risquera de voir l'eau de sa baignoire grimper et déborder ; c'est le cas si l'angle de mouillage γ est inférieur à 45 degrés et si la baignoire est rectangulaire.

L'angle γ est souvent proche de zéro (cas de l'eau et des liquides aqueux) : si vous montez dans un vaisseau spatial, évitez les verres carrés. La tour de chute libre de la NASA a permis de vérifier expérimentalement la formule théorique α/2 + γ < 90°.

L'illustration du haut de la page montre le schéma d'une *baignoire pour astronaute* imaginée par Paul Concus et Robert Finn en 1974. La partie courbe de cette baignoire consiste en deux portions de la roulette focale décrite par le foyer d'une hyperbole. Le dessin montre la surface libre du liquide, si on suppose que l'eau se raccorde aux parois suivant un angle nul ; la surface de l'eau est ici une portion de nodoïde.

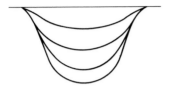

Une goutte de pluie en train de tomber.

Une autre façon d'éliminer la pesanteur consiste à placer le fluide étudié (de l'huile par exemple) dans un autre liquide de même densité (un mélange approprié d'eau et d'alcool) qui ne se mélange pas avec le premier. A l'aide d'une pipette ou d'un tube, on introduit une petite quantité d'huile qui prend aussitôt une forme sphérique parfaite.

Une goutte de pluie serait évidemment sphérique si elle tombait dans le vide, mais la résistance de l'air la déforme et des mouvements se produisent à l'intérieur de la goutte.

La forme d'une goutte dépend fortement de la pesanteur. Si les gouttes que forme sur une plaque de verre un liquide non mouillant comme le mercure sont petites, elles sont quasi sphériques, sinon elles s'aplatissent sous leur propre poids et une bonne quantité de liquide s'en échappe en formant une flaque très mince.

Les *gouttes pendantes* d'un liquide mouillant *(voir le schéma ci-contre)* diffèrent à certains égards des *gouttes posées*, car une goutte pendante ne doit pas être trop grosse sinon la peau élastique se déchire sous l'effet du poids. Quand la goutte pendante a atteint sa taille maximale (valeur qu'on sait déterminer), une infime perturbation suffit à provoquer la chute : la goutte a atteint sa limite de stabilité et se trouve en équilibre instable. Voilà pourquoi tous les compte-gouttes produisent des gouttes de taille identique. Voici environ un siècle, les recherches sur la goutte pendante servirent également à mettre au point des techniques numériques employées aujourd'hui dans de nombreux secteurs des sciences appliquées.

Planètes, gouttes en rotation et noyaux atomiques

Le principe du travail virtuel de Bernoulli permet encore d'expliquer trois autres catégories de phénomènes qui relèvent respectivement de l'astronomie, de l'hydrodynamique et de la physique nucléaire, trois sciences pourtant bien distinctes. Il s'agit des *masses liquides en rotation, de densité homogène et soumises à leur gravité propre*, des *gouttes liquides en rotation soumises à une tension superficielle* et enfin des *noyaux atomiques* ayant ou non un moment cinétique. Ces trois types de phénomènes relèvent d'un même problème général. Soit une quantité donnée de fluide homogène composé d'une ou plusieurs boules (les mathématiciens disent que le fuide occupe une région connexe ou non connexe). Chaque portion de ce fluide peut être soit simplement connexe (une sorte de boule) ou multiplement connexe (comme une surface avec des anses, un anneau par exemple).

Supposons qu'aucune force extérieure (gravitation par exemple) n'agisse sur le liquide et que toutes les forces ou actions proviennent du liquide lui-même. Ceci n'exclut pas *l'autogravitation*, c'est-à-dire l'attraction que les particules de liquide exercent les unes sur les autres d'après la loi de Newton : ce phénomène est négligeable si la masse du liquide n'est pas très forte. C'est cette force qui assure la cohésion du liquide. Nous pouvons aussi considérer la *tension superficielle* : tout se passe comme si le liquide était recouvert d'une peau élastique qui contribue elle aussi à le contracter. Nous considérerons également les forces électrostatique et centrifuge, opposées à la contraction. D'après la loi de Coulomb, si le liquide porte une charge électrique uniforme, les particules se repousseront mutuellement. Et si le liquide tourne autour de son centre de gravité avec une *vitesse angulaire constante*, chaque particule sera soumise à une force centrifuge qui tendra à disperser le liquide.

On dit qu'un corps liquide est en *équilibre gyrostatique* (ou *équilibre relatif*) s'il tourne comme un gyroscope. Un observateur situé dans ce liquide, sans relation avec l'extérieur, ne remarquerait pas cette rotation et pourrait penser que l'ensemble est au repos.

En équilibre gyrostatique les forces de contraction, *tension superficielle* et *autogravitation*, équilibrent les forces *électrostatique* et *centrifuge* de dispersion.

Deux questions se présentent immédiatement à l'esprit : *quelles formes peuvent prendre les corps liquides en équilibre gyrostatique ? Et plus précisément, quels sont les corps en équilibre gyrostatique stable ?*

Le *principe du travail virtuel* de Bernoulli établit que les équilibres correspondent à des états stationnaires de l'énergie potentielle ; de plus, les équilibres stables correspondent à un minimum de l'énergie potentielle.

L'énergie potentielle totale d'un liquide s'écrit :

Énergie totale = énergie superficielle + énergie gravitationnelle + énergie électrostatique + énergie de rotation.

Dans cette expression, l'énergie potentielle de la tension superficielle est proportionnelle à l'aire de la surface et l'énergie de rotation provient des forces centrifuges.

Historiquement, le premier exemple considéré a été celui des corps liquides en rotation qui ont servi de modèles pour les planètes et, plus tard, pour les étoiles et les nébuleuses. Dans ce cas, les forces d'autogravitation sont si grandes qu'on peut négliger les tensions superficielles. De même, on ne considéra tout d'abord que les corps célestes dépourvus de charges électriques. L'énergie potentielle se réduit alors à la somme de l'énergie gravitationnelle et de l'énergie de rotation.

Isaac Newton, Colin MacLaurin et Alexis-Claude Clairaut furent les premiers à aborder la théorie des corps célestes en rotation, mais les observations expérimentales avaient commencé beaucoup plus tôt.

Bien avant l'invention du télescope, on avait remarqué les taches sombres du Soleil, ainsi que leur changement de position : pour un observateur européen, elles vont de droite à gauche sur la surface du Soleil. Avec le télescope à réfraction, les observations se précisèrent. En 1611, l'astronome allemand Fabricius déclara que ces taches faisaient partie du Soleil et que leur mouvement provenait de la rotation de celui-ci. L'année suivante, Galilée en Italie, Thomas Harriot en Angleterre et le Jésuite allemand Christophe Scheiner publièrent à leur tour leurs observations. Galilée se rangeait à l'opinion de Fabricius, tandis que pour Scheiner ces taches étaient de petits satellites du Soleil. En 1613, Galilée s'en prit à la thèse de Scheiner: dans son livre *Istoria e dimostrazioni intorno alle macchie solarie e loro accidenti*, il imposait publiquement pour la première fois la théorie héliocentrique de Copernic. Scheiner reconnut que Galilée avait raison et fit même des observations beaucoup plus précises que Galilée. Il découvrit ainsi que le Soleil effectue une rotation complète sur lui-même en 27 jours.

Les *Principia* de Newton inaugurèrent la théorie mathématique des planètes en rotation et montrèrent qu'un corps liquide tournant lentement autour d'un axe est aplati aux pôles. Nous avons vu que Maupertuis fit la vérification expérimentale de cette propriété, qui entraîna l'adoption définitive de la physique de Newton. Voltaire avait tout d'abord chaleureusement félicité Maupertuis de ses travaux, mais il écrivit par la suite:

Vous avez confirmé en des lieux pleins d'ennui

Ce que Newton savait sans sortir de chez lui.

Quelle pouvait être la forme à l'équilibre d'un corps liquide homogène, en rotation, de volume V donné? La configuration la plus simple après la sphère était le sphéroïde aplati, c'est-à-dire le corps engendré par une ellipse tournant autour de son petit axe (*voir la figure du haut en marge*).

Le sphéroïde est un cas particulier de l'ellipsoïde, ce dernier étant un solide dont toutes les sections planes sont des ellipses (ou des cercles, cas particulier de l'ellipse). Tout ellipsoïde a trois *directions principales* perpendiculaires entre elles en son centre. Les axes principaux a, b, c sont les distances du centre à la surface selon les trois directions principales. Soit a la plus grande de ces valeurs et c la plus petite (c'est-à-dire $a \geq b \geq c$). Dans un sphéroïde aplati $a = b$ et $b > c$, dans un sphéroïde oblong $a > b$ et $b = c$.

Dès 1742, avant que n'existe une théorie de l'équilibre des fluides, Colin MacLaurin énonça la propriété remarquable suivante:

Pour tout volume V et toute vitesse angulaire ω (pas trop élevée), il existe deux sphéroïdes aplatis différents, qui sont l'un et l'autre en équilibre gyrostatique.

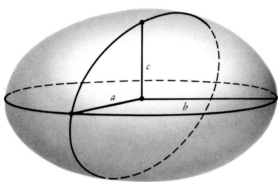

Sphéroïde aplati. L'axe de rotation est le petit axe de l'ellipse dont le grand axe est le diamètre de la section équatoriale du sphéroïde (a, b).

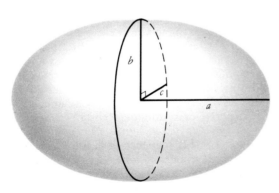

Ellipsoïde avec ses axes principaux a, b, c.

Dans cet énoncé, l'expression «pas trop élevé» signifie que ω doit rester inférieure à :

$$\omega_L = 1{,}188\sqrt{GD},$$

où D est la densité du liquide et G la constante de gravitation de Newton. Lorsque Ω se rapproche de la valeur limite ω_L, la forme des deux sphéroïdes de MacLaurin se rapproche de la forme unique du sphéroïde en rotation à la vitesse ω_L.

Si υ tend vers zéro, un des sphéroïdes de MacLaurin ressemblera de plus en plus à une sphère, la configuration d'équilibre au repos absolu ($\omega = 0$) bien connue, tandis que l'autre tendra vers un disque de «diamètre infini».

Pendant près d'un siècle, on crut que les sphéroïdes de MacLaurin étaient les seules formes que pouvaient prendre les corps liquides homogènes en équilibre gyrostatique. Lagrange prétendit qu'il ne pouvait exister aucune autre configuration d'équilibre. Ce n'était pas vrai, car Jacobi démontra en 1834 que :

Pour tout volume V et toute valeur ω de la vitesse de rotation (différente de zéro et pas trop élevée), il existe une configuration d'équilibre ayant la forme d'un ellipsoïde asymétrique ($a > b > c$) *qui tourne autour du plus petit des axes principaux c.*

Dans cet énoncé, «pas trop élevé» signifie que ω doit être inférieure à ω_J, où :

$$\omega_J = 1{,}084\sqrt{GD}\,;\text{ on remarquera que } \omega_J \lesssim \omega_L$$

Si ω se rapproche de ω_J, l'ellipsoïde de Jacobi ressemble de plus en plus à l'un des ellipsoïdes de MacLaurin (tournant à la vitesse ω_J). Si ω se rapproche de zéro, l'ellipsoïde de Jacobi prend l'allure d'une aiguille infiniment longue. Quelle forme de vie pourrait se développer sur une planète de ce genre?

En 1885, Henri Poincaré fit une autre découverte. Il trouva une famille de configurations d'équilibre en forme de poire, plus générale encore que celle des ellipsoïdes de Jacobi. Il émit l'hypothèse que *la bifurcation d'un corps en forme de poire conduit de façon stable et continue à la formation d'une planète accompagnée d'un satellite.* Il ajouta qu'il devait y avoir, le long de la séquence de Jacobi, d'autres points de bifurcation vers d'autres branches stables donnant finalement naissance à des planètes avec deux, trois satellites ou plus. Le grand système conçu par H. Poincaré décrit la naissance du système solaire comme un processus continu et non une série de catastrophes soudaines.

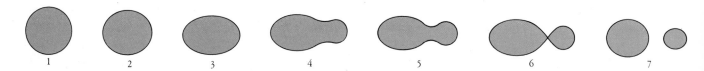

1   2   3   4   5   6   7

Bifurcation de Poincaré vers un corps en forme
de poire.

Pour Kant et Laplace, le système solaire était à l'origine une
énorme boule de gaz de très faible densité, en rotation lente. Ce gaz
se serait ensuite contracté par autogravitation et aurait ainsi augmenté
sa densité et sa vitesse de rotation jusqu'à passer à l'état liquide.
Simultanément, la sphère initiale devenait un sphéroïde de MacLaurin, de plus en plus aplati, jusqu'à atteindre le point de bifurcation de
Jacobi. En ce point, contrairement aux ellipses de Jacobi, les ellipsoïdes de MacLaurin cessent d'être stables. Le corps liquide aurait donc
pris la forme d'un ellipsoïde de Jacobi puis, avec l'accroissement de la
contraction, la forme d'une poire, pour se scinder en un astre principal doté d'un satellite.

Poincaré ne se lança pas dans les calculs nécessaires pour
confirmer ce scénario. George Darwin (1845-1912) les entreprit et
déclara avoir démontré la stabilité des formes en poire. Malheureusement, Alexander Lyapunov (1857-1918) et d'autres scientifiques dé-
montrèrent que Darwin s'était trompé et le superbe modèle de Poincaré s'effondrait. Malgré cela, la théorie des configurations d'équilibre
développée par Poincaré, Lyapunov et, plus tard, Lichtenstein, fut à
l'origine de la *théorie des bifurcations* en analyse non linéaire ; cette
importante découverte a fourni un instrument essentiel dans des
domaines aussi divers que la mécanique des fluides, la biomathémati-
que et la théorie de l'élasticité.

Revenons à notre boule liquide en rotation. On savait qu'un
corps ne peut pas être en équilibre gyrostatique si la vitesse angulaire
ω est grande, plus précisément si ω^2 est supérieur à $2\pi GD$. On
considéra alors des corps liquides en rotation dans lesquels le liquide
a un mouvement interne sans changer de forme. Il s'agit là d'un type
d'équilibre « plus faible » mais probablement plus réaliste. Dirichlet et
Riemann l'étudièrent dans les années 1858/1860 et leurs travaux furent
complétés par Chandrasekhar au cours des années 1960.

Considérons maintenant l'expérience de Plateau des petites
gouttes d'huile en suspension dans un autre liquide de même densité.
La tension superficielle est ici la force dominante, l'autogravitation
étant dans ce cas pratiquement nulle. Nous supposerons également
que la goutte n'est pas chargée électriquement, de telle façon que
l'énergie potentielle se réduise à la somme de l'énergie de surface et de
l'énergie de rotation (on néglige le frottement entre les liquides).

Pour suivre l'expérience de Plateau, supposons que la goutte
d'huile en suspension est en contact avec un petit disque attaché à un
fil ; ce disque peut tourner et entraîner la goutte par frottement *(voir
le schéma ci-contre)*. Lorsque la vitesse de rotation augmente, la force

Montage de Plateau permettant de faire tourner
une goutte dans un liquide.

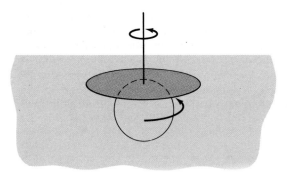

Une goutte en rotation se décompose d'abord
en un anneau et une goutte, puis en une
goutte et des gouttelettes satellites.

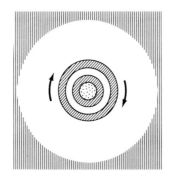 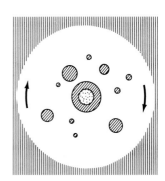

Figure à trois lobes : les flèches indiquent la
vitesse angulaire à l'intérieur de la goutte.

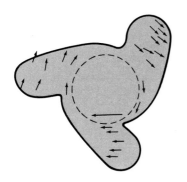

Graphe de l'énergie.

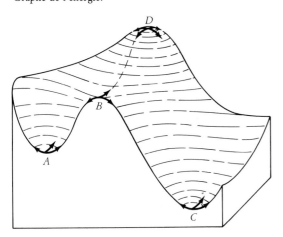

centrifuge devient de plus en plus forte. La goutte d'huile commence
par s'aplatir aux pôles et se renfler à l'équateur. Si la vitesse augmente,
un anneau se détache de la goutte ; mais il rejoint la goutte centrale dès
que la vitesse diminue. Si, au contraire, celle-ci augmente encore,
l'anneau se brise en gouttelettes de *tailles différentes*.

Ce modèle évoque celui d'un système solaire, avec un gros
corps central entouré de satellites plus petits. L'anneau ressemble à
celui de Saturne ou de Jupiter. Il ne faut pas tirer d'une telle expérience des conclusions sur notre système solaire, car les forces mises
en jeu sont différentes.

Le *Jet Propulsion Laboratory* de Pasadena a repris et perfec-
tionné récemment les expériences de Plateau. Outre les figures à
symétrie axiale et en forme d'anneau, on a pu ainsi observer des
formes d'équilibre à deux, trois et quatre lobes. Lorsque la vitesse
s'accroît, ces formes dégénèrent en une figure à un seul lobe. Ces
phénomènes restent inexpliqués, car on ne peut plus négliger le
frottement entre la goutte et le liquide où elle se trouve en suspension.
Ce frottement provoque des écoulements internes dont l'effet devient
très sensible dès que se forme un lobe.

Venons-en maintenant aux noyaux atomiques dont George
Gamow mit au point en 1929 le premier modèle dit de *la goutte* : le
noyau est assimilé à une goutte chargée uniformément possédant une
tension superficielle et se trouvant au repos ou en mouvement de
rotation (dans le modèle plus élaboré). L'illustration du bas de la page
décrit l'énergie potentielle d'un noyau qui ne tourne pas. Dans cette
figure, l'énergie potentielle est représentée par la « hauteur » au-dessus
des états correspondants du noyau. Le minimum absolu d'énergie
potentielle est atteint lorsque la goutte prend la forme d'une boule.
S'il n'y avait pas de charge, plusieurs boules fourniraient un minimum
local d'énergie potentielle, tandis que les boules chargées se repous-
sent mutuellement « à l'infini ». Ainsi, plusieurs boules « à l'infini »,
c'est-à-dire suffisamment éloignées les unes des autres, sont également des configurations d'équilibre ; le « lemme du col » nous garantit

Figures en sablier correspondant à des valeurs diverses des paramètres physiques.

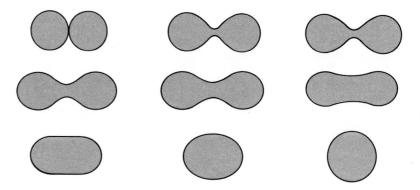

alors l'existence d'une selle (un col) entre les creux qui représentent les diverses boules dans le paysage d'énergie potentielle. Ce col représente un état d'équilibre instable. Si on a un seul creux (sphère au repos) séparé d'une vallée contenant deux boules « à l'infini », le col a l'allure d'un sablier symétrique comportant deux vases identiques. La forme du sablier dépendra d'un paramètre physique *(voir le schéma ci-dessus)*. La hauteur de la selle au-dessus du creux de la sphère unique est la *barrière d'énergie* qui sépare de la fission le noyau à sphère unique. Si on donne de l'énergie au noyau — par exemple par collision avec un neutron — le noyau vibre et peut éclater en deux morceaux si ces vibrations lui font franchir la barrière d'énergie.

La forme des cellules

Quel est l'effet des forces physiques sur la forme des êtres vivants? Cette question ouvre sur un vaste champ d'investigation, riche de merveilles inattendues. Nous nous contenterons de citer quelques exemples fascinants et de mentionner l'ouvrage de D'Arcy Thompson *Formes et Croissance*. Ce livre est un classique de philosophie naturelle, bien qu'il soit resté en marge des grands courants de la recherche biologique et qu'il ait négligé la génétique et la biochimie. Les biologistes ont reconnu son influence, même si elle est «intangible et indirecte». Quant aux mathématiciens, ils restent fascinés par les idées de Thompson.

La forme d'un fragment de matière, vivante ou non, et les modifications de cette forme qui accompagnent ses mouvements ou sa croissance résultent de l'action de diverses forces. En bref, la forme d'un objet est la «résultante des forces», tout au moins dans le sens que nous pouvons déduire de sa forme les forces qui agissent,

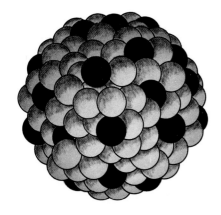

Ci-dessus : Forme d'un noyau au repos dans le
modèle en goutte.
En haut à droite : Diverses formes d'un noyau
en état de vibration.

ou qui ont agi sur lui : dans ce sens strict et particulier, il s'agit bien, dans le cas
d'un solide, d'une résultante des forces agissant sur lui au moment où il a pris sa
configuration et des forces qui lui permettent de conserver cette conformation ;
dans le cas d'un liquide (ou d'un gaz), des forces qui, dans l'instant, agissent sur
sa mobilité inhérente. Dans un organisme, grand ou petit, il nous faut interpréter
en termes de forces (et de cinématique) non seulement la nature des mouvements
de la matière vivante, mais aussi la conformation même de l'organisme dont la
permanence ou l'équilibre s'expriment en termes de statique par l'interaction et
l'équilibre des forces.

N'oublions pas que les phénomènes biologiques sont très complexes et que ce qui semble évident n'est pas toujours vrai. Mieux vaut
considérer les modèles mathématiques de ces phénomènes seulement
comme des métaphores à ne pas confondre avec les « lois » de l'astronomie ou de la physique. Cela dit, il sera peut-être un jour possible
de décrire les formes et les processus biologiques avec la même
précision que ceux de la physique.

Quel rôle joue, par exemple, la tension superficielle sur la
forme des êtres unicellulaires? Disons, pour simplifier beaucoup, que
ce sont des gouttes d'un liquide très visqueux, le protoplasme, en
suspension dans l'eau. On peut donc s'attendre à ce qu'ils prennent
une forme sphérique et c'est bien ce qui se passe dans de nombreux
cas d'organismes simples.

Thompson nota cependant que les organismes à forme sphérique sont en général passifs, alors que les êtres unicellulaires non
sphériques sont assez mobiles, très souvent dotés de fouets en forme
de flagelles ou de cils. Thompson pensait que ces fouets servaient à
préserver des formes qui, sans eux, seraient instables, de la même
façon que les fils métalliques soutiennent les films et les bulles de
savon. Thompson trouva d'ailleurs chez les unicellulaires toutes sortes
de H-surfaces de révolution, qui auraient été instables sans les cils en
perpétuel mouvement sur leurs « bords libres ».

Il prit la précaution de souligner qu'il ne savait pas si tout ceci résultait d'une véritable *tension superficielle* ou d'une tension membranaire (une membrane ne se tend pas indéfiniment, contrairement à un film liquide). Des travaux récents ont montré que les deux types de tension agissent sur les frontières d'une cellule, mais produisent des formes très semblables, dans une large mesure.

H-surfaces de révolution chez les unicellulaires (comparer aux illustrations de la page 147).

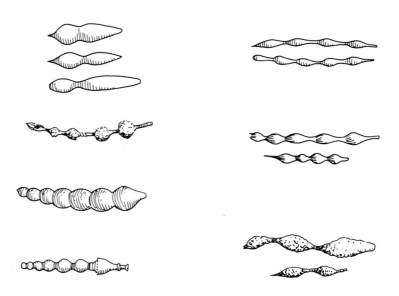

Thompson étudia aussi les squelettes siliceux des radiolaires pour expliquer les mécanismes de leur formation. Il compara le corps d'un radiolaire à

...un protoplasme mousseux, comportant une multitude d'alvéoles et de vacuoles remplies d'un liquide assimilable à de l'eau de mer... Selon les tensions qui existent à leur surface, ces vacuoles sont plus ou moins isolées et sphériques, ou collées les unes aux autres en une « mousse » de cellules polyédriques ; dans ce dernier cas, le plus fréquent, les cellules ont la même taille et forment un superbe réseau polygonal régulier.

(Une mousse de bulles doit satisfaire les deux règles de Plateau, que nous avons exposées précédemment.)

Thompson fit alors l'hypothèse que les forces d'adsorption sur les bords de la mousse sont intenses et entraînent le dépôt sur les bords de matériaux inorganiques qui forment le réseau siliceux du squelette des radiolaires. Ces squelettes résulteraient donc de l'application stricte *des deux règles de Plateau*. Cette hypothèse n'explique cependant pas la grande variété des squelettes des diverses espèces de radiolaires. Ernst Haeckel réalisa ainsi 4 700 dessins à partir d'observations au miscrocope. Ces petites «orchidées marines» ne résultent sûrement pas d'un caprice de l'évolution. Bien au contraire, elles comptent parmi les plus anciennes formes de vie sur la Terre et sont des sortes de fossiles vivants. Leurs squelettes doivent être particulièrement bien structurés, mais nous ne savons malheureusement pas comment la Nature en est venue à créer ces formes. L'expérience nous suggère en tout cas que ces formes offraient des avantages pour les radiolaires.

Des observations récentes, faites au microscope électronique, ont mis en évidence d'autres caractéristiques étonnantes de la géométrie des radiolaires vivants. Chaque radiolaire tend plusieurs fils (par-

Photographie au microscope électronique d'un squelette de radiolaire.

fois plusieurs centaines), très fins, élastiques et rectilignes (les *axopodes*), nécessaires à son métabolisme, à travers les petits trous de son squelette. La cellule assure le transport des matières grâce à des tubes extrêmement étroits appelés *microtubules*. Ces microtubules forment des réseaux d'une régularité étonnante : des coupes montrent des réseaux parfaitement hexagonaux, analogues à des nids d'abeilles. Ces microtubules en hexagone sont reliés par des ponts qui jouent le rôle de pompes.

Nous constatons ainsi que la Nature semble préférer l'ordre et la régularité, même pour ses structures les plus petites. Il semble aujourd'hui établi que les forces de tension superficielle ne suffisent pas pour expliquer la forme d'une cellule ; il faut tenir compte des structures internes, comme par exemple les microtubules.

Dessins de radiolaires par Ernst Haeckel.

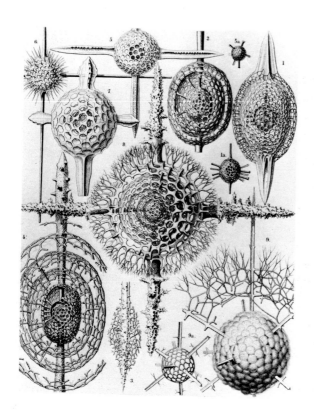

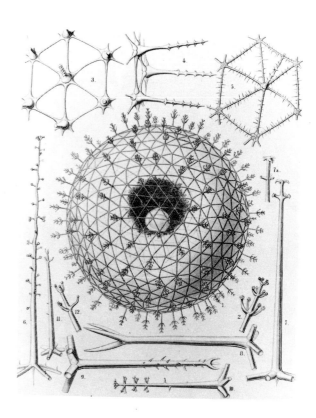

Crevasses et fissures

La nature offre de nombreux exemples de fractures, parfois réparties en vastes réseaux. Les alpinistes redoutent les crevasses, surtout lorsqu'elles sont dissimulées par la neige. On trouve des fractures sur l'écorce des arbres et sur les vieilles poutres en bois. Les réseaux polygonaux de fractures sont particulièrement intéressants, on en trouve dans la boue qui sèche, sur le vernis des tableaux anciens, sur les céramiques ou sur les émaux, mais aussi dans le béton, dans le basalte et le calcaire, dans les régions arides et sur les terres gelées. Les motifs sont faits parfois de tuiles minuscules, ou au contraire de polygones énormes. Les photographies aériennes des playas, des lacs desséchés du Big Basin, à l'ouest des États-Unis, montrent des polygones de 50 à 100 mètres de côté. Les pavés de terre gelée de l'Alaska ou les polygones de la Toundra offrent l'image bien connue du *permafrost* des régions polaires.

La plupart des scientifiques pensent que ces réseaux de polygones apparaissent dans les matériaux qui changent de volume en se desséchant ou en se refroidissant. Certains ne voient pas d'explication

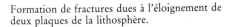

Formation de fractures dues à l'éloignement de deux plaques de la lithosphère.

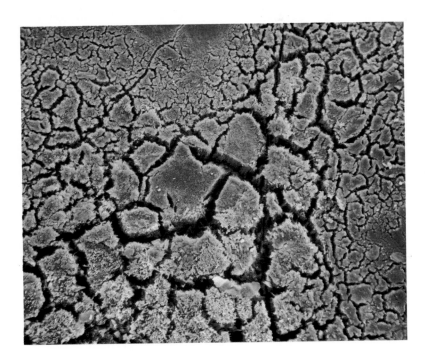

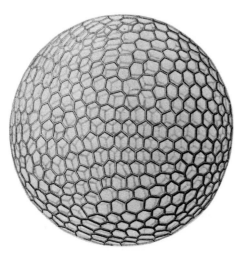

Hexagones et pentagones dans un squelette
d'un radiolaire.

satisfaisante de ces phénomènes, d'autres invoquent le principe du travail virtuel de Bernoulli, mais les interprétations varient : selon les uns, les crevasses se recoupent à 90 degrés, pour d'autres, les polygones sont des pentagones ou des hexagones. Le maillage hexagonal, avec ses sommets à trois branches formant entre elles des angles de 120 degrés, serait une illustration du principe de Bernoulli. Comme, d'après Euler, il n'est pas toujours possible de couvrir de tuiles jointives hexagonales une aire plane déterminée *(voir la page 101)*, on voit, le plus souvent, apparaître des pentagones parmi les hexagones. Pour la même raison, les squelettes des radiolaires ne sont jamais composés seulement d'hexagones et on y trouve des pentagones et des heptagones.

Ces hypothèses théoriques ne sont pas entièrement convaincantes, ni solidement établies, bien qu'elles détiennent probablement une part de vérité. La théorie du déchirement ou de l'éclatement des matériaux cassants ou très visqueux n'est pas développée. On sait bien que la moindre irrégularité dans un matériau met en défaut tout calcul théorique. Il est, par exemple, malaisé de déchirer une bande de papier à bords rectilignes en la tirant par ses extrémités, alors que cela devient facile si l'on fait une toute petite encoche sur l'un des bords.

Comme la plupart des substances comportent des irrégularités, on peut supposer que celles-ci jouent un rôle important dans la formation des crevasses. Dans la plupart des cas, les fissures dans la terre semblent réparties au hasard ; une fissure nouvelle dans une région jusqu'alors intacte se développera au hasard dans les zones de moindre résistance. Les premières fissures n'apparaissent pas simultanément en général et se forment en petit nombre. La tension tangentielle à ces fissures reste très forte, alors que la tension perpendiculaire est relâchée par le craquement. Des fissures secondaires se forment ensuite perpendiculairement à la tension la plus forte ; elles auront ainsi tendance à recouper les premières à angle droit. A leur tour, les craquements tertiaires tendront à rencontrer à angle droit les fissures qui les ont précédés. On verra ainsi se former un réseau aléatoire de fissures orthogonales. Le dessin de fracture illustre clairement l'histoire de sa formation et l'on peut généralement déterminer dans quel ordre sont apparues les fissures.

Mais en général, les choses ne sont pas si simples. Dans certains matériaux, les crevasses forment entre elles exactement des angles de 120 degrés (l'observation attentive montre alors des fissures secondaires beaucoup plus fines, perpendiculaires aux précédentes). En fait, on trouve des angles de 90, de 120 et de 60 degrés. A titre d'exemple, dans les îles du delta du Mackenzie, 80 pour cent des crevasses se coupent à 90 degrés ; viennent ensuite, par degré de fréquence décroissant, les intersections à 60 degrés, et enfin quelques rares à 120 degrés *(voir l'illustration de la page de droite)*.

Le principe du travail virtuel expliquerait éventuellement l'angle de 60 degrés : si l'on suppose que le terrain gelé a amorcé un réseau

Amorce d'un réseau de fractures sur l'île de Kendall.

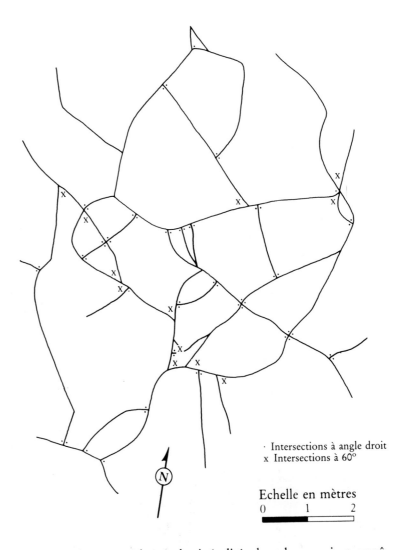

· Intersections à angle droit
x Intersections à 60°

Echelle en mètres
0 1 2

à trois branches à 120 degrés, les inégalités du sol pourraient empêcher le développement de la troisième branche. En suivant ce raisonnement, les crevasses apparaîtraient sous la forme de fractures simples (perpendiculaires à la direction de plus grande tension), soit de fractures triples à 120 degrés dans les zones homogènes (apportant le maximum de relâchement avec le minimum d'effort), ou encore comme des fractures hybrides, à 60 degrés, résultat de « l'effet d'encoche ». D'autres crevasses se formeraient ultérieurement, coupant les premières à angle droit. A vous d'observer les craquelures dans la nature et de formuler vos propres théories!

Géométrie des cristaux

Les structures cristallines sont parmi les plus belles formes naturelles. Les cristaux et leurs riches couleurs attirent aussi bien les collectionneurs que les savants.

Leurs formes peuvent-elles s'expliquer par un principe variationnel? La croissance d'un cristal dépend de divers facteurs cinétiques: le mécanisme d'apport du matériau, la condensation, la diffusion et la vitesse des réactions chimiques. Il est donc difficile de saisir l'ensemble des structures de surfaces.

Cristaux.

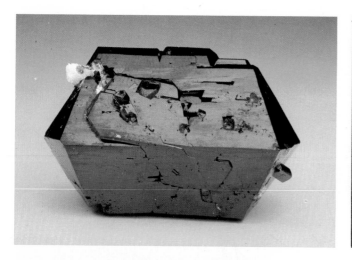

Pour les petits cristaux, ou pour des cristaux n'ayant que de petites irrégularités de surface, le facteur dominant pour l'évolution des formes semble être la tendance à minimiser l'énergie de sa surface libre. On peut donc se demander quelle forme prendra un petit cristal d'un *volume donné*, s'il doit réduire au minimum l'énergie de sa surface libre. Cela nous rappelle le problème isopérimétrique dans l'espace, qui a pour solution la sphère. Dans le cas présent, l'énergie potentielle est proportionnelle à l'aire de la surface libre, pour un volume donné. Une sphère, parfaitement lisse et symétrique, n'a rien d'une structure cristalline. On peut pourtant expliquer partiellement la forme des petits cristaux par un principe variationnel analogue à celui du problème isopérimétrique; la différence frappante des structures résulte de celle existant entre les énergies potentielles correspondantes.

Un corps à faces lisses.

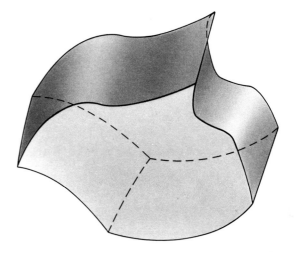

Le problème mathématique peut être formulé de la façon suivante : soit une région de l'espace délimitée par un ensemble fini de surfaces régulières ; un corps de ce genre recevra le nom de *corps à faces lisses* ; en presque tous ses points, la surface admet un plan tangent. L'énergie superficielle d'une structure cristalline dépend de la nature chimique du cristal ; nous considérerons que cette énergie dépend seulement de l'orientation des plans tangents dans l'espace.

Nous cherchons à déterminer la structure ou la forme dont l'énergie superficielle totale est minimale pour un volume donné. Le spécialiste des cristaux Georg Wulff fit, en 1901, une découverte remarquable ; voici son énoncé, moyennant quelques hypothèses mathématiques supplémentaires sur l'énergie superficielle :

Pour un volume donné, il existe un corps convexe unique, délimité par des surfaces planes, dont l'énergie superficielle est minimale parmi tous les corps à faces lisses de même volume.

Ce théorème est remarquable pour deux raisons. D'abord, il y a une infinité de valeurs possibles de l'énergie superficielle ; malgré cela, pour chaque valeur possible, l'unique minimum est un corps convexe délimité par des surfaces planes. Enfin, contrairement à la plupart des problèmes mathématiques, pour lesquels il est impossible de trouver une solution explicite, la solution de ce problème de minimum fait appel à une procédure simple : la construction de Wulff.

Cette construction repose sur deux hypothèses. D'abord, *en tout point de la surface, l'énergie superficielle par unité d'aire dépend uniquement de la direction du plan tangent à la surface en ce point.* On associe à chaque plan de l'espace un vecteur, de longueur unité,

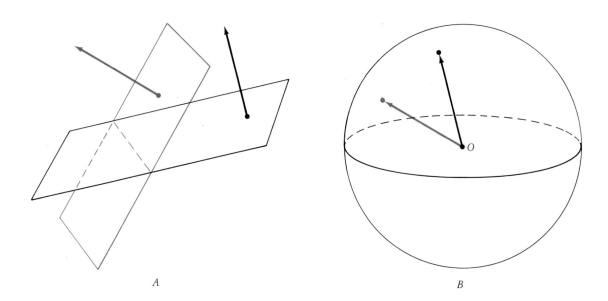

A   B

On peut identifier une direction normale à
n'importe quel plan de l'espace par un point
de la sphère de rayon unité.

normal (perpendiculaire) à ce plan, qui indique l'orientation du plan
dans l'espace *(voir la figure A ci-dessus)*. Soit un point O dans
l'espace, à partir duquel on reporte tous les vecteurs définis ci-dessus.
L'ensemble des extrémités de ces vecteurs détermine une sphère,
qu'on appelle la sphère de Gauss *(figure B)*.

On peut donc traduire la première hypothèse de Wulff : l'énergie superficielle est déterminée par une règle qui associe à chaque
point x de la sphère de Gauss un nombre positif, l'énergie par unité
d'aire du corps à faces lisses.

Voici maintenant la deuxième hypothèse nécessaire à la construction de Wulff : *Pour un cristal donné, il existe N points distincts
p_1, p_2, ... p_N sur la sphère de Gauss, qui sont les sommets de triangles
sphériques recouvrant entièrement la sphère. En tout point x situé à
l'intérieur d'un tel triangle sphérique, l'énergie E(x) vérifie une inégalité dans laquelle interviennent les sommets du triangle où se trouve x.*
Appelons p_1, p_2, p_3 les sommets de ce triangle, alors on peut écrire :

$$x = a_1 p_1 + a_2 p_2 + a_3 p_3$$

où a_1, a_2, a_3 sont des nombres positifs. L'hypothèse de Wulff s'exprime sous la forme :

$$E(x) > a_1 E(p_1) + a_2 E(p_2) + a_3 E(p_3)$$

Si x se trouve sur les bords du triangle, on suppose qu'on a une
inégalité analogue. Puisque l'énergie E attribue à chaque point de la
sphère une valeur positive, il est logique de tracer le graphe de E

Triangulation de la sphère.

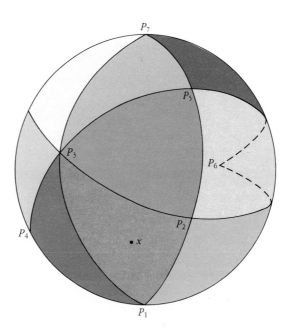

Coupe transversale du graphe de la fonction d'énergie d'un cristal.

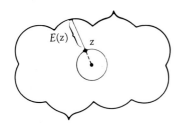

La construction de Wulff.

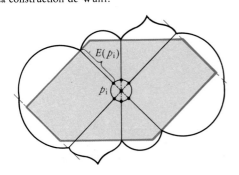

au-dessus de la sphère de la façon suivante. Pour chaque point z de la sphère, on marque le point qui se situe à la distance $E(z)$ du point z, sur le rayon passant par z prolongé vers l'extérieur de la sphère. Un tel graphe est difficile à visualiser, mais on peut se restreindre à des coupes selon des plans passant par le centre de la sphère *(voir la figure en marge ci-contre)*. Construisons à présent la forme cristalline d'énergie superficielle totale minimale. Représentons, pour chaque point p_i, le point q_i situé à une distance $E(p_i)$ de p_i, sur le rayon passant par p_i prolongé vers l'extérieur de la sphère. Construisons le plan perpendiculaire à ce rayon au point q_i. La forme optimale recherchée est le volume convexe délimité par ces plans différents.

La figure à gauche ci-contre montre une coupe d'un tel objet. Cette forme ne correspond généralement pas directement au volume désiré, mais il suffit de changer l'échelle pour l'obtenir. Wulff n'a pas trouvé la démonstration complète de sa méthode. Heinrich Liebmann montra en 1914 que les formes d'équilibre d'un cristal ont nécessairement la forme des polyèdres de Wulff. Il restait cette fois encore à déterminer si la solution existe toujours. Alexandre Dinghas démontra en 1944 que toute forme différente d'un polyèdre de Wulff met en jeu une énergie superficielle totale plus grande. Comme pour les formes sphériques et sphéroïdales des planètes, des bulles de savon et des gouttes d'huile, nous voyons donc qu'il est possible d'expliquer les belles formes cristallines à pans coupés du quartz et des diamants par des principes de minimum.

ÉPILOGUE

Dynamique et mouvement

Dans les précédents chapitres, nous avons constaté l'influence des principes de variation sur la pensée mathématique et physique. Nous avons restreint l'étude principalement au cas des systèmes *au repos*, mais l'étude du *mouvement* est elle aussi essentielle. Les Grecs s'étaient demandé quelle était la trajectoire d'une pierre lancée en l'air et quelle forme avait l'orbite des planètes. Ils s'intéressaient plus à la forme géométrique de la trajectoire d'un mobile qu'au mouvement de celui-ci au *cours du temps*. Nous avons fait la même chose.

Les Grecs ne voyaient aucune relation entre le mouvement des planètes et, par exemple, la chute d'une pierre. Il fallut attendre le XVIIᵉ siècle, l'ère newtonienne, pour qu'une telle relation voie le jour. Le traité de Newton *Philosophiae Naturalis Principia Mathematica* établit les fondements de la dynamique (en grec *dynamis* signifie force, pouvoir), théorie du mouvement engendré par les forces. Ce traité comprend trois livres, dont le premier considère le mouvement des corps dans le vide.

Le deuxième livre étudie le mouvement des corps dans un milieu résistant tel que l'air ou un fluide, et le troisième livre applique la dynamique de Newton au mouvement des planètes, à la théorie des marées causées par le Soleil et la Lune, ainsi qu'à d'autres problèmes d'astronomie tels que la trajectoire des comètes, le mouvement de la Lune et la forme de la Terre.

Les *Principia* exposent le programme complet de la mécanique moderne, tant dans son contenu que dans son style. Dans un premier temps, Newton procède en mathématicien : il définit les notions de

Isaac Newton (1642-1727).

PHILOSOPHIÆ
NATURALIS
PRINCIPIA
MATHEMATICA.

Autore *JS. NEWTON*, *Trin. Coll. Cantab. Soc.* Matheseos
Professore *Lucasiano*, & Societatis Regalis Sodali.

IMPRIMATUR·
S. P E P Y S, *Reg. Soc.* P R Æ S E S.
Julii 5. 1686.

LONDINI,
Jussu *Societatis Regiæ* ac Typis *Josephi Streater*. Prostant Vena-
les apud *Sam. Smith* ad insignia Principis *Walliæ* in Cœmiterio
D. *Pauli*, aliosq; nonnullos Bibliopolas. *Anno* MDCLXXXVII.

Frontispice d'une édition spéciale des *Principia*,
annotée par Leibniz et découverte en 1969 par
l'historien des sciences suisse E.A. Fellmann,
conservée à la bibliothèque Bodmeriana, à
Cologny près de Genève.

base, comme la masse et l'inertie. Puis il énonce trois lois fondamentales ou axiomes, dont tout le reste du traité découle par déduction :

PREMIÈRE LOI (principe d'inertie). Le centre de gravité de tout corps
demeure au repos ou en mouvement rectiligne et uniforme, à moins que son état
ne soit modifié par l'action de forces qui lui sont appliquées.

DEUXIÈME LOI (loi de la dynamique). La vitesse de variation de la quantité
de mouvement est égale à la force appliquée et à la direction de cette force.

TROISIÈME LOI (égalité de l'action et de la réaction). Les forces que deux
corps exercent l'un sur l'autre sont égales et opposées.

Bien que, dans certains passages du livre, Newton se soit écarté
de cette approche rigoureuse (en employant des notions non définies
et des axiomes non explicités au préalable), sa démarche axiomatique
influença profondément les générations de mathématiciens et physiciens qui suivirent. Newton a fait pour la dynamique ce qu'Euclide a
fait pour la géométrie et Archimède pour la statique.

Le contenu des *Principia* n'était pas entièrement neuf. La
première loi, par exemple, n'est autre que la loi d'inertie de Galilée,
dont Newton fit l'un de ses axiomes. Dans une grande partie du
premier livre, il rassemble dans un tout cohérent les propriétés
découvertes par ses prédécesseurs ; tout le reste lui revient entièrement et la difficulté des problèmes auxquels il s'est attaqué force
l'admiration.

Les trois lois donnent à la dynamique un cadre formel : elles ne
renseignent pas sur la nature des forces en action. Certains ont même
considéré la deuxième loi comme une tautologie. Pour appliquer ces
lois à des cas concrets, il faut préciser quelles forces sont en action.
Parmi celles-ci, l'attraction occupe une place importante ; voici comment Newton la définit :

La force d'attraction entre deux particules quelconques est proportionnelle à la masse de chacune des deux et inversement proportionnelle au carré de
la distance qui les sépare.

C'est la *loi de la gravitation universelle de Newton*. (Celui-ci
n'a d'ailleurs jamais formulé cette loi de façon aussi générale, mais en
a donné plusieurs versions adaptées à des situations différentes.)
Newton donna à cette force d'attraction le nom latin de *gravitas*
(poids, pesanteur). Nous parlons aujourd'hui de *gravité* ou de *gravitation*.

En 1666, Newton déduisit la loi de la gravitation de la troisième loi de Kepler sur les mouvements planétaires. Il montra par la
suite qu'inversement les trois lois de Kepler découlent de ses trois lois
fondamentales et de la loi de gravitation. Il déduisit notamment de la

loi d'attraction selon l'inverse du carré de la distance que l'orbite d'une planète tournant autour du Soleil est une conique. L'œuvre de Newton marque une étape décisive dans la compréhension des phénomènes physiques à l'aide de modèles mathématiques et réalise en partie le rêve de Pythagore qui voulait décrire le monde en termes mathématiques. Leibniz a pu écrire à ce propos : *A considérer le progrès des mathématiques depuis l'origine des temps jusqu'à Newton, celui-ci a franchi à lui seul plus de la moitié du chemin parcouru.* Et Lagrange d'ajouter : *Newton est le plus grand génie de tous les temps, mais aussi celui que la chance a le plus favorisé, car l'occasion de définir un système du monde ne se présente qu'une fois.*

Un siècle après la parution des *Principia*, Lagrange énonça son principe variationnel appliqué à la dynamique ; il s'agissait de la formulation mathématique de la loi de moindre action dans le domaine de la mécanique.

Il ne faut pas croire cependant que les idées de Newton ont été acceptées sans réticence.

Jean Bernoulli n'arrivait pas à comprendre comment une force pouvait s'exercer dans le vide à des distances de centaines de millions de kilomètres. D'après lui, *un tel concept répugnait aux esprits habitués à ne considérer que les principes physiques incontestables et manifestes.*

Leibniz considérait la gravitation comme un concept abstrait et incorporel, sans contenu philosophique.

Newton lui-même était troublé. Il écrivait : *Je n'ai pas su expliquer les propriétés de la gravitation par un mécanisme physique et je ne formule aucune hypothèse ; car toute chose qui ne découle pas de l'observation doit être appelée hypothèse.*

Dans une lettre à Richard Bentley, il écrivait :

Le fait que la gravité soit innée, inhérente et essentielle à la matière, qu'elle permette à un corps d'agir à distance sur un autre, à travers le vide, sans support intermédiaire, me paraît une telle absurdité, que je doute que quiconque sachant réfléchir en philosophe puisse jamais l'admettre.

Dans sa *théorie générale de la relativité*, Einstein affronta les difficultés ainsi soulevées par la théorie de Newton. Il exposa ses idées en 1916 dans un article fameux *Die Grundlagen der allgemeinen Relativitätstheorie*. Pour les formuler, Einstein avait besoin d'un instrument mathématique adéquat qui en fait existait déjà, grâce aux travaux de Gauss, de Riemann et de deux générations de géomètres qui leur ont succédé. Einstein put donc élaborer le concept d'un espace-temps à quatre dimensions, un monde qui n'est pas « plat » comme l'était l'espace à deux ou trois dimensions défini par les axiomes d'Euclide, mais dont la matière et l'énergie engendrent la courbure. Autour d'une masse de matière importante, cette courbure

Albert Einstein (1879-1955) à son bureau de l'Office des brevets de Berne, en 1905.

est forte, tandis qu'elle est quasiment nulle dans les régions éloignées où la masse est absente. La relation entre matière et énergie et courbure est donnée par les «équations de champ» d'Einstein. Autre fait remarquable, David Hilbert démontra par la suite que ces équations dérivent d'un principe variationnel.

Dans la théorie d'Einstein, le concept de force agissant à grande distance est remplacé par la courbure de l'espace-temps. Pour simplifier beaucoup, imaginons l'espace comme un trampoline plat au départ (le vide), déformé en un certain endroit par le poids d'une boule énorme, le Soleil. La planète Terre est alors une petite bille qui roule sur le trampoline.

Si la bille roule sur un trampoline plat, elle se déplace en ligne droite. Si on place au centre la grande boule, celle-ci déforme la surface dans une région étendue bien au-delà de cette boule. La bille n'est plus alors en ligne droite, mais décrit un chemin courbe, car la grosse boule modifie la trajectoire de la bille en courbant l'espace environnant. Si certaines conditions sont réunies, la bille décrit provisoirement une orbite autour de la boule. On voit ainsi comment un corps de masse importante peut influer, même à grande distance, sur le comportement d'un corps plus petit.

La lumière se déplace dans l'univers courbe de l'espace-temps selon des trajectoires *géodésiques*. Einstein prédit que les rayons lumineux s'infléchissent en traversant une région à forte courbure, comme, par exemple, les alentours du Soleil. L'éclat du Soleil empêche d'observer ce phénomène sauf dans le cas d'une éclipse solaire :

Une boule pesante déforme un trampoline ;
la trajectoire d'une bille devient courbe.

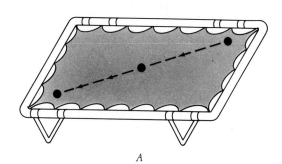

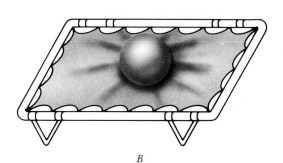

A   *B*

Max Planck (1858-1947).

lors de celle du 29 mai 1919, deux expéditions britanniques, l'une en Nouvelle-Guinée (avec Eddington et Cottingham), l'autre à Sobral, dans le Nord du Brésil, permirent de vérifier la déviation des rayons lumineux venant des étoiles et passant près du Soleil. La prédiction d'Einstein était donc confirmée. Eddington put écrire :

> Que le Sage vérifie nos mesures ;
> Une chose au moins est certaine : LA LUMIÈRE a un POIDS.
> Que l'on discute autant qu'on voudra, une chose est sûre :
> La lumière, près du Soleil, NE VA PAS TOUT DROIT.

Terminons notre propos par un texte extrait d'une conférence donnée par Max Planck à l'Académie de Berlin, le 29 juin 1922, à l'occasion de la « Journée Leibniz » :

> La Théodicée... culmine dans l'affirmation que la divine raison ordonne tout ce qui se passe dans le monde, que l'événement soit immense ou minuscule, qu'il se situe dans la nature ou dans le domaine de l'esprit ; et elle règle toute chose de telle façon que ce monde soit le meilleur de tous les mondes possibles.
> Leibniz reprendrait-il aujourd'hui cette affirmation devant les malheurs du temps présent, devant l'échec des efforts non limités au profit matériel, devant la mésentente des peuples plus grande que jamais ? La réponse à cette question est oui, sans aucun doute, sans qu'il soit besoin de rappeler que l'adversité et les déceptions qui accablèrent Leibniz dans les dernières années de sa vie n'éteignirent pas sa conviction. Et nous ne risquons guère de nous tromper en disant que c'est précisément la Théodicée qui lui donna la force dont il avait besoin pour supporter les chagrins de la période la plus douloureuse de sa vie. Ceci prouve une nouvelle fois que nos principes les plus profonds et les plus sacrés plongent leurs racines au plus intime de notre âme et que les épreuves que nous rencontrons dans ce bas monde ne sauraient les affecter.
> La science moderne, notamment avec le développement de l'idée de causalité, est maintenant bien éloignée du point de vue téléologique de Leibniz. Elle a abandonné l'idée d'une raison suprême et providentielle ; pour elle, tout événement, qu'il appartienne au monde de la Nature ou à celui de l'esprit, est en principe réductible aux états qui l'ont précédé. Dans ces conditions, un fait mérite pourtant de retenir l'attention, d'autant qu'il concerne la science la plus rigoureuse. Dans sa partie théorique, la physique moderne est entièrement gouvernée par un système d'équations différentielles de l'espace-temps, selon lequel tout phénomène naturel est entièrement déterminé par les événements de son environnement spatio-temporel immédiat. Ces équations différentielles diffèrent, certes, dans leur détail puisqu'elles concernent les domaines de la mécanique, de l'électricité, du magnétisme et de la chaleur. Malgré cette diversité, ce vaste système d'équations est à l'heure présente couvert dans sa totalité par un théorème unique : le principe de moindre action. Ce principe affirme que les processus qui se réalisent effectivement sont ceux qui mettent en jeu la plus faible dépense d'action. Point n'est besoin d'un grand effort d'imagination pour voir dans un tel souci d'économie l'intervention d'une raison providentielle et pour retrouver ainsi le point de vue téléologique de Leibniz sur l'organisation de l'Univers. La différence

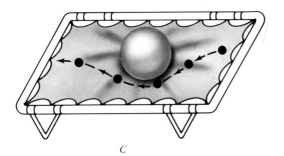

C

des points de vue ne me semble pas porter sur l'essence des choses, mais sur leur interprétation, puisque, dans un cas, on s'en tient à l'infiniment petit et que dans l'autre on considère l'immensité de l'espace et du temps. C'est à chacun de décider par lui-même quel est celui de ces deux points de vue qui est fondamental et quel est celui qui finalement sera le plus fructueux.

Le principe de moindre action ne joue qu'un rôle mineur dans la physique d'aujourd'hui. Les théories modernes ne lui accordent guère de place. On admet bien qu'il est exact, mais il n'est pas à la base de la théorie, et il s'agit plutôt d'un accessoire. La physique théorique actuelle est, en effet, entièrement construite sur le principe des actions locales infinitésimales ; la prise en considération d'espaces et de durée d'un ordre de grandeur plus élevé introduirait des complications méthodologiques inutiles. Le principe de moindre action apparaît ainsi comme une curiosité formelle et accidentelle, et non comme un des piliers de la connaissance du monde physique.

N'est-il pas d'autant plus surprenant d'observer que ce principe, initialement conçu par Leibniz(*) et Maupertuis comme un théorème de mécanique, ait été étendu (†) par Hermann von Helmholtz à toute la physique de son époque ? Récemment, David Hilbert, mettant en œuvre la version d'Hamilton de ce même théorème, a pu établir sa validité dans le cadre de la théorie de la relativité générale d'Einstein. Plus le cadre s'élargit et moins il paraît admissible que la permanence d'une loi aussi simple soit accidentelle. Une approche qui ne permet pas d'expliquer une relation générale, simple et admise de tous, est sûrement incomplète. Notre besoin de savoir ne sera satisfait que le jour où chaque loi, considérée comme valide, sera appréhendée dans sa pleine signification et sera intégrée dans la structure théorique d'ensemble.

(*) Planck considérait Leibniz comme l'auteur du principe de moindre action.
(†) Cette affirmation n'est pas entièrement exacte, comme le montre le chapitre 1.

Bibliographie

Prologue

Ernst Haeckel ● *Reports of the Scientific Results of H.M.S.*, Challenger (London, 1881-1889), réédité en 1966, New York, Johnson Reprint corp.

● *Kunstformen der Natur*, Leipzig, 1899-1904.

● *Das Protistenreich*, Eine populäre Übersicht über das Formengebiet der niedersten Lebewesen, Leipzig, 1878, Paris, 1880.

● *Die Radiolarien*, Eine Monographie, Berlin, 1862, 1887-1888.

D'Arcy Thompson, *On Growth and Form*, Cambridge University Press, 1917, Edition par J. Bonner, 1961.

Peter S. Stevens, *Patterns in Nature*, Little, Brown, 1974.

Stanislas Ulam, *Patterns of Growth of Figures. Mathematical Aspects*, in Gyorgy Kepes, éd., Module, Proportion, Symmetry, Rhythm, Braziller, 1966.

Frei Otto et collaborateurs, *Natürliche Konstruktionen*, Stuttgart, Deutsche Verlags-Anstalt, 1982.

Chapitre 1

Pierre Brunet, ● *Maupertuis, étude biographique*, Paris, Blanchard, 1929.

● *Maupertuis, l'œuvre et sa place dans la pensée scientifique et philosophique du XVIIIᵉ siècle*, Paris, Blanchard, 1929.

Léonard Euler, *Opera omnia*, ser. 1, vol. 24.

Chapitre 2

Morris Kline, *Mathematical Thought from ancient to Modern Times*, Oxford University Press, 1972.

Chapitre 3

Hugo Steinhaus, *Mathematical Snapshots*, Oxford University Press, 1950. Richard Courant et Herbert Robbins, *What is Mathematics?* Interscience, 1941, et éditions plus récentes.

Chapitre 4

Ernst Mach, *Die Mechanik in ihrer Entwicklung*, Prague, 1883 et plusieurs rééditions.

René Dugas, *Histoire de la mécanique*, Neuchâtel, 1950.

René Taton, *Histoire générale de la science*, 4 tomes, Paris, 1957.

Pierre-Simon Laplace, *Traité de mécanique céleste*.

Chapitre 5

J. P. Bourguignon, H. B. Lawson, C. Margerin, *Les surfaces minimales*, Pour la Science n° 99, janvier 1986.

Richard Courant, *Dirichlet's Principle, Conformal Mapping and Minimal Surfaces*, Interscience, 1950.

R. Osserman, *A Survey of Minimal Surfaces*, Van Nostrand, 1969.

A. Tromba, *On the Number of Simply Connected Minimal Surfaces Spanning a Curve*, Memoirs of the American Mathematical Society 12, 194, 1977.

W. Meeks, *Lectures on Plateau's problem*, Escola de geometrica differencial, Univ. Fed. de Cearà.

Frei Otto, *Zugbeanspruchte Konstruktionen*, 2 volumes, Frankfurt, Berlin, Ullstein Fachverlag, 1962 et 1966.

Frei Otto et coll. *Natürliche Konstruktionen*, Stuttgart, Deutsche Verlags-Anstalt, 1982.

Chapitre 6

W. Blaschke, *Kreis und Kugel*, Berlin, W. de Ganyter, 1916 et rééditions.

J. Plateau, *Statique expérimentale et théorique des liquides soumis aux seules forces moléculaires*, 2 volumes, Paris, Gauthier-Villars, 1873.

J. L. Tassoul, *Theory of Rotating Stars* (Princeton University Press, 1978).

J. F. Sadoc, Rémy Mosseri, *Un ordre caché dans la matière désordonnée*, Pour la Science n° 87, janvier 1985.

P. Curie, *Sur la formation des cristaux et sur les constantes capillaires de leurs différentes faces*, Bulletin de la Société des Minéralogistes français, n° 8, 1885, p. 145.

N. Sloane, *Les empilements de sphères*, Pour la Science n° 77, mars 1984.

J. Taylor, *Existence and Structure of Solutions to a Class of non elliptic variational Problems*, Symposia mathematica n° 14, 1974, pp. 499-508, Istituto nazionale di alti Matematica.

Epilogue

Felix Klein, *Vorlesungen über die Entwicklung der Mathematik in 19. Jahrhundert*, 2 volumes, Berlin, Springer, 1926-1927.

J. Lagrange, *Mécanique analytique*, 2 volumes, 2ᵉ édition, Paris, 1811-1815.

C. Jacobi, *Vorlesungen über Dynamik*, 2ᵉ édition, Berlin, G. Reimer, 1884.

H. Poincaré, *Sur le problème des trois corps et les équations de la dynamique*, Mémoire couronné du prix de S. M. le Roi Oscar II, 1889.

A. Einstein, *The Meaning of Relativity*, Princeton University Press, 1922 et rééditions.

H. Weyl, *Space, Time, Matter*, Dover, 1922.

Index

Référence des illustrations

pages XII et 2 (en haut)
Institut für wissenschaftliche Fotografie,
Schloss Weissenstein, Manfred P. Kage.

page 2 (en bas)
Jet Propulsion Laboratory, Pasadena,
California.

page 3 (en haut)
Institut für wissenschaftliche Fotografie,
Schloss Weissenstein, Manfred P. Kage.

page 3 (en bas)
Institut für leichte Flächentragwerke,
Stuttgart, Professor Frei Otto.

page 4 (en marge)
Eric Pitts.

pages 4 (en haut et en bas), 5 et 6 (à droite)
Institut für leichte Flächentragwerke,
Stuttgart, Professor Frei Otto.

pages 7 et 8
Institut für wissenschaftliche Fotografie,
Schloss Weissenstein, Manfred P. Kage.

page 9 (en haut)
Photographie de Michael Meier, Bonn.

page 9 (en bas)
Heinz Otto Peitgen, Bremen.

page 11 et couverture
Institut für wissenschaftliche Fotographie,
Schloss Weissenstein, Manfred P. Kage.

page 12
Gabor Kiss.

page 17
Herzog Anton-Ulrich Museum,
Braunschweig Museumsfoto, B. P. keiser.

page 18
Universitätsbibliothek, Basel.

page 19
Candide, Voltaire, dans la traduction anglaise
de Lowell Blair. Bantam Books.

page 20
Universitätsbibliothek, Basel.

page 26
Niedersächsische Staats-und
Universitätsbibliothek, Göttingen.

page 30
Mademoiselle M. Houvet, Chartres.

page 37
Munich Planetarium.

page 38
Universitätsbibliothek, Basel.

page 42
Biblioteca Apostolica Vaticana, Codex
Vergilii Romanus, Nr. 3867.

page 48
The Bettmann Archive.

page 50
Städtische Galerie, Liebieghaus, Frankfurt
am Main.

page 52
Öffentliche Kunstsammlung, Basel.
Photographie de Hans Hinz.

page 54 (en bas)
Niedersächsische Staats-und
Universitätsbibliothek, Göttingen.

page 55 (en bas)
K. Jacobs, Erlangen.

page 62
Bildarchiv Preussischer Kulturbesitz, Berlin.

page 64
Niedersächsische Staats-und
Universitätsbibliothek, Göttingen.

page 68
The Bettmann Archive.

page 71
Universitätsbibliothek, Heidelberg.

pages 72 et 76
Institut für leichte Flachenträgwerke,
Stuttgart, Professor Frei Otto.

page 75
National Gallery of Art/Art Resource.

page 80
Universitätsbibliothek, Bonn.

page 81
© 1942. LIFE Magazine.

page 81 (à gauche)
Ruban de Möbius II 1963, par M. C. Escher.
Escher Foundation, Haags
Gemeetenmuseum, The Hague.

pages 91, 92 et 97
Ortwin Wohlrab, Bonn.

pages 102
Institut für leichte Flächentragwerke,
Stuttgart, Professor Frei Otto.

pages 104, 105 (en marge), 108 (en haut) et
109 (en haut à gauche)
Ortwin Wohlrab, Bonn.

pages 109 (en bas) et 110 (en bas)
Institut für leichte Flächentragwerke,
Stuttgart, Professor Berthold Burckhardt.

page 111 (en haut)
After Imme Haubitz, Würzburg.

Aubin Imprimeur
LIGUGÉ. POITIERS

Achevé d'imprimer en novembre 1986
N° d'édition 5183 / N° d'impression P 14442
Dépôt légal, novembre 1986
Imprimé en France